科技创新战略与实践丛书

从高新区到科学城
东莞松山湖创新发展路径选择

刘 洋	盘思桃	张寒旭	◎主　编
罗梦思	张会勤	黄 容	◎副主编
韦文求	陈 诚	封春生	◎参　编
张树锋	徐 瑞		

電子工業出版社
Publishing House of Electronics Industry
北京·BEIJING

内 容 简 介

本书从松山湖创新发展的实践背景出发，以创新生态系统的视角研究松山湖科学城创新生态系统的结构与特征，借鉴国内外科学城创新发展的模式和经验，分析松山湖科学城创新发展的基础与优势、问题与不足，形成松山湖科学城创新发展的战略布局，并提出松山湖科学城创新发展路径。本书通过相关研究，以期更加系统化、体系化地推动松山湖从高新区向科学城演进，力争为推动松山湖建设世界一流科学城、打造以先进制造业为区域特色的创新新高地探索新路径。

未经许可，不得以任何方式复制或抄袭本书之部分或全部内容。
版权所有，侵权必究。

图书在版编目（CIP）数据

从高新区到科学城：东莞松山湖创新发展路径选择 / 刘洋，盘思桃，张寒旭主编. —北京：电子工业出版社，2023.12
（科技创新战略与实践丛书）
ISBN 978-7-121-47110-0

Ⅰ. ①从… Ⅱ. ①刘… ②盘… ③张… Ⅲ. ①高技术产业区－研究－东莞 Ⅳ. ①F127.653

中国国家版本馆 CIP 数据核字（2024）第 010308 号

责任编辑：李　敏
印　　刷：北京虎彩文化传播有限公司
装　　订：北京虎彩文化传播有限公司
出版发行：电子工业出版社
　　　　　北京市海淀区万寿路 173 信箱　邮编：100036
开　　本：720×1000　1/16　印张：8.5　字数：143 千字
版　　次：2023 年 12 月第 1 版
印　　次：2023 年 12 月第 1 次印刷
定　　价：79.00 元

凡所购买电子工业出版社图书有缺损问题，请向购买书店调换。若书店售缺，请与本社发行部联系，联系及邮购电话：（010）88254888，88258888。
质量投诉请发邮件至 zlts@phei.com.cn，盗版侵权举报请发邮件至 dbqq@phei.com.cn。
本书咨询联系方式：limin@phei.com.cn 或（010）88254753。

PREFACE 前言

松山湖因科技而生、因改革而兴、因创新而强。回首松山湖20年的发展历程，从2001年启动建设松山湖科技产业园，到2010年升级为国家高新技术产业开发区，再到2020年松山湖科学城被批准为大湾区综合性国家科学中心先行启动区，松山湖从当年一片荒凉的荔枝园，蜕变成为"科技共山水一色，新城与产业齐飞"的科技新城。松山湖鼎立潮头，成为时代的引领者，成为中国创新体系里一颗冉冉升起的新星。

今天的松山湖，肩负着全面建设大湾区综合性国家科学中心先行启动区、代表国家参与全球科技竞争合作的重大使命。从空间和功能上看，松山湖科学城的建设以东莞松山湖高新技术产业开发区为基础，但相比国家高新技术产业开发区，科学城被赋予了更多创新内涵，对创新资源的高度集聚和创新要素的全面升级提出了更高要求，松山湖正努力实现从高新区到科学城的新跨越。

本书从松山湖创新发展的实践背景出发，以创新生态系统的视角研究松山湖科学城创新生态系统的结构与特征，借鉴国内外科学城创新发展的模式和经验，分析松山湖科学城创新发展的基础与优势、问题与不足，形成松山湖科学城创新发展的战略布局，并从打造粤港澳大湾区创新新高地、构建高端现代产业体系、营造开放包容的创新环境氛围、提升凸显创新特色的城市服务功能、完善支撑创新的高效运行机制等方面提出松山湖科学城创新发展路径。

本书共6章，第一章为松山湖创新发展的实践逻辑，主要回顾了松山湖创新发展的历史进程，阐述了国家战略下松山湖的使命担当，提出了松山湖创新发展的战略思考，由刘洋、韦文求执笔；第二章为松山湖科学城创新生态系统构建，主要梳理了创新生态系统的理论渊源，构建了科学城创新发展的理论框架，并对高新区和科学城创新生态系统进行概念辨析，进而提出了松山湖科学城创新生态系统的结构与特征，由刘洋、盘思桃、张会勤、黄容执笔；第三章为国内外科学城创新发展的模式和经验，研究了美国硅谷、日本筑波科学城、韩国大德科学城，以及北京怀柔科学城、上海张江科学城、合肥滨湖科学城、深圳光明科学城等科学城建设情况和经验特色，并总结了科学城创新发展的经验和启示，由张寒旭、罗梦思、张会勤、张树锋、徐瑞执笔；第四章为松山湖科学城创新发展现状，总结分析了松山湖科学城建设的基础与优势、问题与不足，由盘思桃、黄容、陈诚、封春生执笔；第五章为松山湖科学城创新发展的战略布局，基于松山湖创新发展实践逻辑，阐述了松山湖从高新区向科学城演进过程中面临的新趋势和新形势，明确了松山湖创新发展的战略定位和总体布局，由刘洋、罗梦思、韦文求执笔；第六章为松山湖科学城创新发展路径，主要围绕科技创新、产业发展、创新环境、城市服务功能、运行机制等提出松山湖创新发展的主要路径和重点工作，由盘思桃、刘洋、张寒旭、罗梦思执笔。此外，本书由刘洋、盘思桃总体策划、审稿，张寒旭、罗梦思负责统稿，张会勤、黄容负责整理和修编。

本书通过研究，以期更加系统化、体系化地推动松山湖从高新区向科学城演进，力争为推动松山湖建设世界一流科学城、打造以先进制造业为区域特色的创新新高地探索新路径。

以下是本书得出的重要结论。

（一）历经三次蝶变松山湖肩负国家战略使命

20年来，松山湖经历了"荔枝林—产业园—国家高新技术产业开发区—科学城"三次蝶变，进入依托松山湖科学城全面建设大湾区综合性国家科学中心先行启动区的新阶段。在国家战略支撑下，松山湖在代表国家参与全球科技竞争合作、支撑粤港澳大湾区国际科技创新中心建设、打造引领东莞高质量发展核心引擎等方面肩负着重要使命担当。

站在新起点，松山湖要牢牢抓住科学城建设契机，聚焦国家战略和粤港澳大湾区高质量发展需求，要以打造粤港澳大湾区创新新高地为发展定位，加速构建"源头创新、技术创新、成果转化、企业培育"的全链条、全要素、全过程的科技创新体系；要彰显"科技创新+先进制造"特色，以经济社会发展和产业创新需求为牵引，突出科技创新对产业发展的支撑引领；要筑牢科技创新的人才根基，坚持人才引领发展的战略地位，打造以先进制造业为特色的人才高地；要塑造独特的创新品格和价值理念，增强全社会对创新的文化认同，让松山湖的空气都飘着"科学的味道"。

（二）松山湖科学城创新生态系统基本构建

松山湖科学城通过四大体系和三种机制组成了创新生态系统的主要框架。四大体系包括科技创新体系、创新产业体系、创新环境体系及为创新提供服务支撑的城市功能体系。其中，科技创新体系是整个创新生态系统的核心，松山湖科学城始终将科技创新作为首要任务，不断构建全链条创新体系，打造具有国际影响力的科技创新策源地；创新产业体系强化创新对新兴产业集群发展的引领作用，打造以硬科技为主导的创新产业体系，推动区域经济高质量发展；创新环境体系发挥松山湖科学城作为国家战略平台的先行优势，以制度创新为统领，深化体制机制改革；城市功能体系为创新人才、创新活动提供良好的生产和生活配套。

另外，松山湖科学城初步构建了衔接创新链条、集聚创新资源、激发创新活力的运行机制。协同机制主要作用于全链条创新的各个环节，调动高校、科研机构、企业等主体开展紧密合作，实现从源头创新到技术创新，再到成果产业化；保障机制通过打造服务创新创业的新型社区和城市环境，为科学城的创新活动提供资源保障；动力机制主要激发创新主体的积极性和自主性，提高创新效率。三种机制将四大体系有机、统一地衔接起来，共同支撑松山湖创新生态系统的平稳发展。

（三）创新发展现实需求下松山湖的战略布局

松山湖正处于从高新区到科学城的创新发展演进阶段，面临从技术研发向基础研究迁移，由硬投入向打造软环境转变，由自我发展向整合利用全球创新资源转变，由重视科技和产业向注重科产城融合发展转变的新趋势。同时，在新一轮科技革命和产业革命加速演进、大湾区综合性国家科学中心先行启动区全面建设等新形势下，松山湖的创新发展也亟须新突破，迫切需要部署面向未来科技、产业发展的战略科技力量，催生一批有重大影响的原始创新成果，全面提升创新能级，为支撑粤港澳大湾区国际科技创新中心建设做出松山湖贡献。

因此，松山湖应把握跃升发展机遇，紧扣国家赋予的历史使命，做好顶层设计：在战略定位上，打造重大原始创新策源地、中试验证和成果转化高地、粤港澳合作创新共同体、体制机制创新综合试验区；在总体布局上，依托独特的区位及生态优势，形成"北湖南山、一核四区"的空间布局，从"知识创新—技术创新—产业应用"的创新全链条出发，完善科学功能布局、支撑要素布局、重点领域布局。

（四）谋划松山湖科学城创新发展路径

围绕松山湖科学城创新生态系统的优化和提升，谋划发展路径。完善四大体系：在科技创新体系方面，打造粤港澳大湾区创新新高地，强化创新策源功能，夯实企业创新主体地位，推进创新人才高度集聚；在创新产业体系方面，加快构建高端现代产业体系，着力发展数字经济，推动主导产业高端化，培育新产业新业态；在创新环境体系方面，营造开放包容的创新环境氛围，加强与深圳、广州科学城联动发展，强化国际创新合作，营造创新文化氛围；在城市功能体系方面，提升凸显创新特色的城市服务功能，打造服务优良的国际品质城区和"松"意盎然的活力之城。

完善支撑创新的高效运行机制：在协同机制方面，完善"基础研究—应用研究"的贯通机制，完善关键核心技术攻关的新型举国体制，建立高效的孵化育成机制，构建创新链与服务链协同机制；在动力机制方面，完善创新投入机制，创新引才育才用才管理机制，完善促进科技成果转化的动力机制，健全新技术新产品应用推广机制；在保障机制方面，建立创新资源共享机制，完善知识产权保护机制，提升科学城治理能力。

编　者

2023 年 8 月 21 日

CONTENTS 目录

第一章　松山湖创新发展的实践逻辑 ·········· 1

　　第一节　松山湖创新发展的历史进程 ·········· 2

　　第二节　国家战略下松山湖的使命担当 ·········· 5

　　第三节　对松山湖创新发展的战略思考 ·········· 8

第二章　松山湖科学城创新生态系统构建 ·········· 11

　　第一节　创新生态系统的理论渊源 ·········· 12

　　第二节　科学城创新发展的理论框架 ·········· 14

　　第三节　高新区和科学城创新生态系统的概念辨析 ·········· 22

　　第四节　松山湖科学城创新生态系统结构与特征 ·········· 23

第三章　国内外科学城创新发展的模式和经验 ·········· 29

　　第一节　国外科学城创新发展模式 ·········· 30

　　第二节　国内科学城创新发展模式 ·········· 39

第四章　松山湖科学城创新发展现状 ·········· 55

　　第一节　基础与优势 ·········· 56

　　第二节　问题与不足 ·········· 63

第五章 松山湖科学城创新发展的战略布局 ……… 75
- 第一节 发展趋势与面临形势 ……… 76
- 第二节 战略定位 ……… 79
- 第三节 总体布局 ……… 80

第六章 松山湖科学城创新发展路径 ……… 82
- 第一节 打造粤港澳大湾区创新新高地 ……… 84
- 第二节 加快构建高端现代产业体系 ……… 98
- 第三节 营造开放包容的创新环境氛围 ……… 105
- 第四节 提升凸显创新特色的城市服务功能 ……… 108
- 第五节 完善支撑创新的高效运行机制 ……… 111

参考文献 ……… 119

第一章

松山湖创新发展的实践逻辑

回顾20年发展历程,松山湖经历了从荔枝林到科学城的三次蝶变,进入依托松山湖科学城全面建设大湾区综合性国家科学中心先行启动区的新阶段。在国家战略支撑下,松山湖在代表国家参与全球科技竞争合作、支撑粤港澳大湾区国际科技创新中心建设、打造引领东莞高质量发展核心引擎等方面肩负重要使命。站在新起点,松山湖要牢牢抓住科学城建设契机,聚焦国家战略和粤港澳大湾区高质量发展需求,以打造粤港澳大湾区创新新高地为发展定位,以"科技创新+先进制造"为特色,筑牢科技创新的人才根基,塑造独特的创新品格和价值理念,让松山湖的空气都飘着"科学的味道"。

第一节　松山湖创新发展的历史进程

松山湖位于广东省东莞市中部，坐落于粤港澳大湾区的黄金腹地，与东莞市大朗镇、大岭山镇、寮步镇等接壤。松山湖国家高新技术产业开发区（以下简称"松山湖高新区"）规划面积 103 平方千米，松山湖科学城以松山湖高新区部分区域为主体，整合大朗镇、大岭山镇和黄江镇周边三镇相关战略地段，规划总面积 90.5 平方千米[①]。

一、2001 年，再造一个新东莞：从荔枝林到产业园

20 年前，作为中国最具经济活力的制造业名城，东莞被称为"世界工厂"，"东莞塞车、全球缺货"成为当时的真实写照。然而，随着原材料价格、人力成本、土地租金等生产成本上涨，东莞的发展亟须"另谋他路"，推进结构调整和产业升级，实施经济社会双转型战略。

2001 年，时任东莞市委书记佟星提出开发建设松山湖科技产业园区，使命便是谋划东莞发展模式的转型与创新，再造一个新东莞。为减少园区用地压力，选址整合了大岭山镇、大朗镇和寮步镇交会处位置较偏的土地，这里曾经是一片葱茏的荔枝林。2001 年 7 月，东莞市第十九次和第二十次市委常委、副市长联席会议讨论分析了兴办大型工业园的设想，定名为"松山湖科技产业园"，要求把松山湖科技产业园建设成为生态环境优美、吸引力强的现代化科技工业城，发挥其辐射示范作用，推动东莞的产业结构调整，为东莞今后的发展奠定更为坚实的基础。2001 年 11 月，松山湖科技产业园经广东省政府批准成为省级高新区，并更名为东莞松山湖科技产业园区，规划控制面积 72 平方千

---

① 数据来源：东莞松山湖高新技术产业开发区管理委员会官网。

米。2002年1月，园区正式奠基。

2006年，中国科学院经过多番考察比较，选择在东莞市大朗镇水平村建设中国散裂中子源项目。2007年2月，中国科学院与广东省人民政府签署了《中国科学院、广东省人民政府关于中国散裂中子源项目暨广东东莞散裂中子源国家实验室合作备忘录》，共同向国家申请在广东省东莞市建设我国首台、世界一流的脉冲中子科学综合实验装置——中国散裂中子源。中国散裂中子源为松山湖的后续发展及松山湖科学城的建设埋下了创新的"种子"。

二、2010年，跃升国家级平台：成为国家高新技术产业开发区[①]

2010年9月，东莞松山湖科技产业园经国务院批准为国家高新技术产业开发区，11月正式获国务院授牌。2014年12月，东莞市决定将东莞松山湖高新技术产业开发区、东莞生态园合并，实行统筹发展，统筹后的东莞松山湖高新技术产业开发区规划控制面积为103平方千米。2017年，中国散裂中子源首次打靶成功，获得中子束流；同年，东莞市委、市政府决定依托大科学装置及东莞松山湖高新技术产业开发区谋划建设中子科学城（2020年更名为松山湖科学城）。随着中国散裂中子源项目如期建成，高水平科研机构也加快布局，2018年，广东省第一批省实验室之一——松山湖材料实验室在东莞松山湖注册成立，为后续谋划建设松山湖科学城奠定了良好的基础。

这10年，松山湖综合实力迈上新台阶。2019年，松山湖实现GDP（国内生产总值）677.26亿元，居东莞市第二；规模以上工业总产值突破5400亿元，总量在东莞市排名第一；实现税收约163亿元，在东莞市镇街、园区中排名第一；完成固定资产投资约230亿元，总量在东莞市排名第一；全年累计实现进出口总额约2300亿元，总量在东莞市排名第二。

---

① 数据来源：《松山湖高新区年鉴》。

这 10 年，松山湖科技创新实现重大突破。2019 年，松山湖 R&D 投入强度达到 10.98%，集聚了东莞理工学院、广东医科大学、东莞职业技术学院、广东科技学院 4 所高校，拥有 23 家省级新型研发机构、14 家国家级孵化器、311 家高新技术企业，各类人才总数突破 9.9 万名。中国散裂中子源建成并向全球用户开放，以国家实验室为标准建设的松山湖材料实验室启动建设，开始谋划建设南方先进光源、先进阿秒激光装置等大科学装置，世界级重大科技基础设施集群逐步成型。

这 10 年，松山湖初步形成以信息技术、智能装备制造、生物技术、新材料、生产性服务业为核心的产业体系。2019 年，高技术制造业增加值占园区规模以上工业增加值比重超过 90%，产业转型升级成效显著。松山湖集聚了规模以上产值超千亿元企业 1 家、超百亿元企业 3 家、超 50 亿元企业 4 家、超 10 亿元企业 12 家。以华为为代表的信息技术产业已形成世界级高新技术产业集聚区；智能装备制造产业纳入国家级创新型产业集群试点；生物技术产业链初步形成，产业规模初步呈现；新材料产业依托中国散裂中子源和松山湖材料实验室，吸引了大批研发机构和企业聚集；引进了广东虹勤通信技术有限公司、东莞市信测科技有限公司、易宝软件（东莞）有限公司等一批优质生产性服务业企业，不断支撑先进制造业发展。

10 年来，松山湖高新区坚定不移实施创新驱动发展战略，为推进东莞转型升级和高质量发展做出了重要贡献，交出了一份"湾区都市、品质东莞"建设的优秀松山湖答卷。

三、2020 年，肩负国家战略新使命：建设松山湖科学城

2020 年 7 月，松山湖科学城被纳入大湾区综合性国家科学中心先行启动区，这是继北京怀柔综合性国家科学中心、上海张江综合性国家科学中心、合肥综合性国家科学中心之后，全国第 4 个综合性国家科学中心，标志着松山湖科学

城建设正式上升为国家战略，成为新时期东莞参与粤港澳大湾区国际科技创新中心建设和代表国家参与国际竞争与合作的重要战略平台。

2020年10月，东莞市审议通过《关于加快推进大湾区综合性国家科学中心先行启动区（松山湖科学城）建设的若干意见》，提出要举全市之力、聚八方之智落实国家战略部署，建设具有全球影响力的原始创新高地。

2021年4月，大湾区综合性国家科学中心先行启动区（松山湖科学城）建设全面启动，这标志着松山湖的发展迈入2.0阶段，松山湖将在更高起点推动粤港澳大湾区国际科技创新中心建设，成为助力科技强国建设的重要引擎。

现如今，中国散裂中子源二期、先进阿秒激光装置建设正在加速推进，南方光源研究测试平台已于2022年11月正式投入使用，松山湖材料实验室一期新园区自2022年6月起科研团队分批入驻。同时，大湾区大学（松山湖校区）、香港城市大学（东莞）正在加快建设。东莞在巍峨山北面埋下的创新"种子"，即将变为一片茂盛的创新"森林"。

第二节 国家战略下松山湖的使命担当

20年间，松山湖三次蝶变，从一片荔枝林到一座科学城。今天，松山湖肩负着全面建设大湾区综合性国家科学中心先行启动区、代表国家参与全球科技竞争合作的重大使命。松山湖要以推动科技向源头创新前移、产业向高端化升级、人才向更高层次跃升、企业向更高水平迈进、园区向品质城市转型为己任，力争成为支撑东莞高质量发展的核心引擎，全面支撑粤港澳大湾区国际科技创新中心建设。

一、代表国家参与全球科技竞争合作

当前，新一轮科技革命浪潮不断推进，科技创新高度活跃，世界创新格局和

经济版图正在加速重构。产业变革蓄势待发，新经济、新产业、新业态、新模式不断催生，高水平的科技创新成为打造国家竞争新优势的核心力量和实施创新驱动发展战略的重要着力点。同时，全球科技竞争不断向基础研究前移，基础研究成为建设世界科技强国的基石，国内外加速布局重大科技基础设施，瞄准基础科学和前沿技术领域，不断强化基础研究、提升原始创新能力。国内外发达国家都把科学城建设作为提升科技创新能力、增强区域竞争力的重要支撑，美国硅谷、日本筑波科学城、韩国大德科学城等科学城建设成效举世瞩目。

随着松山湖科学城建设的有序推进，松山湖肩负着全面建设大湾区综合性国家科学中心先行启动区、代表国家参与全球科技竞争合作的重大使命，已成为国家创新体系的重要组成部分。当前，建设松山湖科学城有利于贯彻落实国家创新驱动发展战略，优化国家基础研究区域布局，为我国建设创新型国家和世界科技强国提供重要支撑。松山湖科学城要坚持面向世界科技前沿、面向经济主战场、面向国家重大需求、面向人民生命健康，发挥重大科技基础设施互补优势和协同效应，突破重大科学原理和核心前沿技术，提升基础研究和原始创新能力，勇担战略性、标志性基础研究任务，实现原始创新和自主创新的持续引领与突破。

二、支撑粤港澳大湾区国际科技创新中心建设

《粤港澳大湾区发展规划纲要》明确提出，粤港澳大湾区要建设"具有全球影响力的国际科技创新中心"。粤港澳大湾区国际科技创新中心的建设，一方面，要依托市场主体，提高企业自主创新能力和成果转化能力，发挥粤港澳大湾区的市场化优势，将科技成果转化为现实生产力，提高粤港澳大湾区乃至国家的核心竞争力；另一方面，要推进大湾区综合性国家科学中心建设，提升粤港澳大湾区基础研究和应用基础研究能力，补齐原始创新不足的短板，有力支撑产业的高质量发展。从我国三大综合性国家科学中心的建设经验看，将科学城作为综合

性国家科学中心的核心载体,通过科学城的建设,可以促进科产城深度融合,集聚创新资源,打造区域创新高地,促进区域高质量发展。

建设大湾区综合性国家科学中心先行启动区(松山湖科学城)是加快打造粤港澳大湾区国际科技创新中心,以及增强国际科技核心竞争力的关键环节。松山湖要以大湾区综合性国家科学中心先行启动区(松山湖科学城)建设为契机,积极融入广深港澳科技创新走廊,深化粤港澳大湾区创新合作,构建开放型融合发展的区域协同创新共同体;集聚国际创新资源,优化创新制度和政策环境,着力提升科技成果转化能力,推动创新链、产业链和政策链有机衔接,支撑粤港澳大湾区国际科技创新中心建设成为全球科技创新新高地和新兴产业重要策源地。

三、打造引领东莞高质量发展核心引擎

东莞以制造业立市,制造业产值规模大,但与先进城市相比,东莞高新技术产业和企业处于大而不强的状态,基础研究与应用基础研究占比偏低,新兴产业培育不足,产业结构仍需要进一步优化,产业链增加值率偏低,产业关键核心技术受制于人。同时,发达国家对东莞龙头企业的技术"卡脖子"已深刻影响了相关产业的可持续发展,加之东莞一直以来的典型外向型经济,近年来也接连遭受全球新冠疫情影响和国际贸易保护主义的冲击。在新形势下,东莞要全力推进科技创新向先进制造赋能,催生更多产业发展新空间,才能为实现产业关键核心技术的自主可控与后万亿元时代的产业持续增长提供坚实的支撑。

实现高水平科技自立自强是中国式现代化建设的关键,也是东莞加快高质量发展的关键。松山湖要更加自觉扛起党中央、广东省委、东莞市委赋予的使命任务,聚焦"科技创新+先进制造",依托大湾区综合性国家科学中心先行启动区(松山湖科学城)建设,着力提高创新能级,充分释放创新驱动效能,辐射东莞科技与产业创新发展,进一步彰显作为引领东莞高质量发展核心引擎的担当作为。

第三节　对松山湖创新发展的战略思考

站在新的起点上，松山湖要牢牢抓住松山湖科学城建设契机，聚焦国家战略和粤港澳大湾区高质量发展需求，找准自身定位、凸显区域特色，走好以科技创新引领高质量发展的道路，以创新驱动园区各项事业全面迈向新阶段，在新一轮发展中抢抓先机、实现超越。

一、打造粤港澳大湾区创新新高地

创新策源能力是科学城最核心、最本质的特征。松山湖科学城拥有中国散裂中子源、松山湖材料实验室、大湾区大学等国家战略科技力量，要充分发挥国家战略科技力量的作用，通过打造重大科技基础设施集聚区、高水平大学集聚区和新型研发机构集聚区，持续提供高水平创新源头供给。同时，加速构建"源头创新、技术创新、成果转化、企业培育"的全链条、全要素、全过程的科技创新体系，不断集聚创新资源要素，推动创新链和产业链深度融合；围绕产业链部署创新链，完善技术创新链条，强化企业创新主体地位，引领支撑产业迈上全球价值链中高端；围绕创新链布局产业链，着力推进科技成果的转化应用，积极培育新技术、新产业、新业态、新模式，打造以先进制造业为区域特色的创新新高地。

二、彰显"科技创新+先进制造"特色

相比广州、深圳，长期以来，东莞的科技创新并不具备显著优势，高水平大学、科研机构、重大创新平台、高层次创新人才等创新资源与广州、深圳也存在较大差距。但是，东莞有深厚的产业基础，制造业产业链完备、工业应用场景丰

富、创新主体众多，为科技创新转化为生产力提供了优越的条件。作为东莞科技创新的核心引擎，松山湖要坚持"科技创新+先进制造"的城市特色，以经济社会发展和产业创新需求为牵引，突出科技创新对产业发展的支撑引领，扭住科技创新"牛鼻子"，不断培育新领域、新赛道，塑造新动能、新优势，让松山湖科学城为东莞制造提供更加强有力的科技支撑，为将东莞打造成广东高质量发展名片赋能增效。

三、筑牢科技创新的人才根基

一流的科学城，需要一流的人才。随着一大批大科学装置、大平台落地建设，松山湖科学城将以更大的发展平台和成长空间吸引更多优秀人才，将有越来越多的青年科技工作者来松山湖筑梦、圆梦。目前，松山湖已基本形成"顶尖科学家—科技研发人才—应用型人才"的人才梯队。随着东莞站上"双万"城市新起点，作为创新引擎的松山湖对人才的渴求更加强烈。松山湖要坚持人才引领发展的战略地位，打造以先进制造业为特色的人才高地：聚焦重点领域，集聚高水平战略科技人才；围绕产业发展需求，培育高水平工程师队伍和创新实践型人才；吸引青年创新创业人才，培养具有全球思维、战略眼光、创新精神和社会责任感的优秀中青年企业家。同时，松山湖不断完善引才育才用才管理机制，通过搭建创业干事平台，筑巢引凤引才育才，通过创新体制机制、提供人才服务保障，激励人才能干事、干成事。

四、让空气中都飘着"科学的味道"

科学城的发展关键靠人才，要充分释放人才潜能，需要营造适宜人才成长发展的宜居宜业宜研发的城市环境，营造重视科学、重视人才的创新氛围，让松山湖的空气中都飘着"科学的味道"。松山湖要注重塑造独特的创新品格和价值理念，增强全社会对创新的文化认同；弘扬科学家精神、企业家精神，形成尊重知识、尊重人才、崇尚创新、渴望创新的氛围，增强科技人才的主人翁精神，激发和调动科技人才的创新意识。同时，松山湖要营造勇于探索、开放包容的创新文化氛围：赋予科研人员更大技术路线决定权、更大经费支配权和更大资源调度权，鼓励科研人员专注开展长期研究，建立科技创新容错免责制度，营造包容失败的文化特质。此外，松山湖要继续完善符合创新人才需求的城市公共服务体系，打造生活美好、服务优质的国际化品质城区。

第二章

松山湖科学城创新生态系统构建

以创新生态系统为理论研究基础，通过对科学城概念内涵、发展特征、发展趋势等进行分析，研究科学城创新发展机理，并辨析高新区和科学城创新生态系统的联系与区别，进而提出松山湖科学城创新生态系统结构与特征。从系统结构看，松山湖科学城通过科技创新体系、创新产业体系、创新环境体系、城市功能体系四大体系和协同机制、保障机制、动力机制三种机制组成了创新生态系统的主要框架。从系统特征看，松山湖科学城创新生态系统具有创新体系化、产业高端化、环境生态化、功能社会化特征。

第一节 创新生态系统的理论渊源

一、创新生态系统相关文献研究

创新生态系统是美国竞争力委员会于 2004 年在《创新美国——在挑战和变革的世界中实现繁荣》这份研究报告中首次提出的。从生物学角度看，生态系统是指在一定的区域内，由个体、群落、种群等构成的生物成分与自然界所含有的非生物环境之间通过紧密联系形成的相互依赖、相互作用的动态复杂系统。Kolloch 等（2018）认为，创新生态系统是以生态系统的隐喻来揭示创新的系统范式。随着创新范式的更新优化，创新生态系统逐渐成为区域与城市创新的研究热点。

Adner 是国外学术界第一位完整提出创新生态系统概念的学者，他认为创新生态系统通过一种协同机制将个体与他者相联系，面向客户提供解决方案，输出价值。在国内学者中，黄鲁成（2003）最早整合技术创新理论、区域经济发展理论和生态学理论研究区域发展复杂系统问题，他认为整体性、层次性、耗散性、动态性、稳定性、复杂性和调控性是区域技术创新生态系统的核心特征，提出了区域经济发展涵盖社会属性和自然属性，为后续的区域创新研究开阔了视野。随着学者们对创新生态系统的研究，创新生态系统理论也不断得到更新补充。

在国外，Estrin（2009）认为，创造性变革的三个驱动因素——研究、开发和应用的相互作用是创新生态系统动态演化的动力；Russell、Shaker 等（2011）将创新生态系统视为一个网络，网络主体通过协同，促进信息和人才等要素的流动，从而实现价值创造；Jeckson（2012）则从国家高度将创新生态系统定义为由企业、学校、科研机构、金融机构及政府等创新利益相关者构成的一个复杂的生态系统；Granstranda 和 Holgersson（2020）认为，创新生态系统是参与者、活动、组件及相关制度和关系的综合；Rong 等（2021）把区域创新生态系统定义为一个由产业组织、政府、机构和客户等利益相关者组成的区域创新社区。

在国内，柳卸林等（2015）认为，创新生态系统是创新主体通过协同和整合生态中的创新资源搭建通道与平台的创新网络；陈健等（2016）认为，创新生态系统是在多方主体与外部环境相互作用和共同进化下利益共享和价值共创的创新网络；王凯和邹晓东（2016）认为，区域创新生态系统是区域创新主体为促进物质、能量和信息流动，与创新环境之间形成的具有生态系统特征的关系网络，是一个跨组织、政治、经济和技术的系统，系统内各要素契合有利于经济、社会和技术发展。

二、创新生态系统的内涵、构成要素及其演化

根据现有研究，创新生态系统可以定义为在一定的时空范围内，由企业、科研院所、政府、中介机构等创新主体所组成的生物成分，以及由经济环境、政策环境等组成的非生物环境之间，通过物质流动、信息交换、能量传递等方式相互作用、相互适应、共生共存，进而形成具有自组织性、演化性、开放性特点的复杂动态系统。创新生态系统理论将创新主体、创新资源与创新环境等多重要素纳入同一分析框架，强调创新要素之间的非线性作用与协同互动，最终实现价值共创与共同演化。

创新生态系统的构成要素既有高校、企业、政府等各类创新主体，也有创新环境及资源要素。基于生态系统理论、系统动力学理论，根据学者研究成果，创新生态系统的构成要素可划分为四大类：一是主体性要素，包括高校、企业和科研院所等各类创新组织与机构；二是能动性要素，主要是指创新创业人才；三是服务性要素，指各类创新的中介服务机构和组织；四是环境性要素，包括创新的经济环境、政策环境、社会文化环境、自然环境等。

创新生态系统强调动态性和演化性，在制度创新、生态创新等要素影响下，创新生态系统是区域优化创新资源配置、支撑创新协调发展的关键载体。创新生态系统的形成及演化受到多种因素的影响，如创新组织发展、科学技术进步、创

新体制和政策、社会经济条件、创新文化环境甚至自然资源要素等。杨旭博等（2023）认为，应根据发展阶段和生态系统特征制定差异化政策，促进区域创新生态系统自组织演化，对于创新生态系统相对完善的地区，应积极打造创新策源地，吸引各类人才集聚，强化基础研究、技术攻关、成果转化，发挥对周边区域的创新引领和辐射带动作用；对于处于创新生态系统培育和发展初级阶段的地区，应积极引导创新要素集聚，不断完善创新生态系统功能，提升产业承载能力，同时积极嵌入发达地区创新生态系统，引进新技术和新知识，带动区域创新发展。因此，创新生态系统是由区域多元利益主体之间协同互动所形成的复杂网络创新组织，更强调通过各构成要素的优化、营造创新环境等，推动创新生态系统不断演进和完善，从而实现区域经济社会的可持续发展。

第二节　科学城创新发展的理论框架

一、科学城的内涵与特征

1. 科学城的概念辨析

科学城的概念最早源于20世纪50年代苏联的新西伯利亚科学城和美国的斯坦福研究园，作为科研院所集聚区，其建设目的是集中科研机构，促进科学研究。随着全球科技研发浪潮不断推进，各国纷纷兴建科学城，有关科学城的概念也得到广泛关注和研究。陈益升等（1995）认为，科学城是科学研究和高等学校的集聚地，主要从事基础研究和应用基础研究，并通过技术开发对周边地区及企业产生辐射效应。陈志和陈健（2019）认为，科学城从重大科技基础设施集群—大科学设施集群—创新集群—科学城四个阶段发展而成，重点强调发挥大科学设施集群的协同效应，加强科学、产业发展与城市功能的协同。朱东等（2020）认为，科学城是推动人类科学发展、体现国家科研能力、集聚区域创新要素的重要空间载体，其以布局重大科技基础设施集群、集聚科学创新资源要素为特征，是生活配套服务功能完备的综合型区域。

第二章 松山湖科学城创新生态系统构建

国内与科学城类似的概念还有高新技术产业开发区、国家级经济技术开发区、国家自主创新示范区、综合性国家科学中心等。这几个概念的相似之处是强化某一类功能在空间地域上集中布局，并发挥集聚和辐射带动效应，但在具体功能与内涵上仍有一定差别。科学城相关概念辨析如表2-1所示。科学城是综合性国家科学中心建设的重要载体，其主要功能和目标更强调依托重大科技基础设施集群加强基础研究与应用基础研究，面向国家战略需求，为强化关键核心技术攻关能力、提升源头创新能力提供重要支撑；同时发挥重大科技基础设施集群的集聚和辐射效应，推动城市产业与服务能级提升。

表2-1 科学城相关概念辨析

	主要功能	主要目标	依托条件
国家高新技术产业开发区	发展高新技术产业的产业开发区	成为支撑科技自立自强的创新高地，成为更具有吸引力的人才高地，成为具有国际竞争力的产业高地，成为服务新发展格局的开放高地，成为制度与政策创新的改革高地	以智力密集和开放环境条件为依托，通过实施高新技术产业的优惠政策和各项改革措施，实现软硬环境的局部优化
国家级经济技术开发区	发展对外经济贸易的重点区域	优化国有经济结构，提高吸收外商投资的质量，引进更多先进技术，促进区域经济协调发展	在沿海开放城市和其他开放城市划定小块的区域，集中力量建设完善的基础设施，创建符合国际水准的投资环境
国家自主创新示范区	在新兴产业发展、科技成果转化、科技金融、创新创业、人才培养与引进、区域协同创新、知识产权保护与运用等方面先行先试、探索经验模式和发挥示范引领作用的创新区域	在产业转型升级、"大众创业，万众创新"、发展新经济、培育新动能等方面发挥重要的示范、辐射和引领作用	以综合条件较好的国家高新技术开发区为依托
综合性国家科学中心	国家科技领域竞争的重要平台，国家创新体系建设的基础平台	显著提升我国基础研究水平，强化原始创新能力	依托大科学装置集群，吸引、集聚、整合国内外相关资源和优势力量
科学城	以基础研究和应用基础研究为主，具有城市高品质综合配套服务功能	支撑综合性国家科学中心建设	依托重大科技基础设施，集聚科技创新要素资源

资料来源：根据公开资料、文献整理。

2. 科学城的发展特征

根据朱东等（2020）、陈益升等（1995）、闫泓多（2020）、丁帅（2020）、孙艳艳等（2020）对国内外科学城发展及建设经验的研究，科学城的发展特征主要包括以下方面。

1）以科研设施为核心形成创新资源高度集中的科研环境

重大科技基础设施构成复杂、体系庞大，需要相对充足的土地资源，且科研设施运行环境要求高。因此，科学城选址往往与城市中心区保持一定距离（20～50千米），形成与主城区相对独立的新城。同时，适应科研设施地域集聚、学科关联特征，适应现代科学发展交叉、分化和融合特征，科学城往往在一定空间范围内集聚以重大科技基础设施为中心的科研设施集群、高等院校、科研机构等科研主体，形成高度集中的科研环境。

2）以顶尖科研人才集聚形成科技创新人才高地

重大科技基础设施具有鲜明的科学和工程双属性，其设计、研制及相关技术和工艺具有综合性、复杂性、先进性，因此从设施建设到运行实施阶段均需要大批科学家与科研人才参与，技术溢出效应、人才集聚效应显著。同时，在从重大科技基础设施集群到科学城的发展过程中，高水平大学、科研院所等逐步集聚，国际、国内创新合作和人才交流活动广泛开展，进一步增强科研人才的吸引力和凝聚力，新一代科研人才也在加速培养，逐步形成科技创新人才高地。

3）建设运行周期长且运营管理需大量资金投入

重大科技基础设施的发展建设往往需要长期大规模的人力、物力、财力，且基础研究产生的科研成果可能需要经过长时间验证才能得到转化并产生经济效益。同时，重大科技基础设施是探索未知世界、发现自然规律的大型复杂科学研究系统，随着科学发展和科研技术不断突破，科研设施必须进行更新迭代、持续升级。因此，重大科技基础设施具有投入资金规模大、建设运行周期长等特点。

3. 科学城的发展模式

根据功能和性质，科学城的发展模式可以分为：以开展基础科学研究为主，以发展高技术及其产业为主。以开展基础科学研究为主的代表性科学城主要包括苏联新西伯利亚科学城、日本筑波科学城等。日本筑波科学城在日本从"贸易立国"转向"技术立国"的国策转变大背景下，开始注重基础科学研究，主要从政策、规划、财政、金融等方面对基础科学研究、应用技术等进行大力引导和支持。以发展高技术及其产业为主的代表性科学城主要包括美国斯坦福研究园、美国硅谷、美国128号公路高技术园区等。美国硅谷是随着20世纪60年代中期以来微电子技术高速发展而逐步形成的，主要依托美国一流大学——斯坦福大学、加利福尼亚大学伯克利分校等世界知名大学的雄厚科研力量，以集聚高技术中小企业群为基础，集科学、技术、生产于一身；20世纪80年代后，随着生物、空间、海洋、通信、能源材料等新兴技术研究机构的不断集聚，美国硅谷最终发展成为美国高新技术的摇篮。

二、科学城发展趋势

科学城作为集中承载高端创新资源的重大载体，承担着促进知识创新、加速产业创新和提升经济贡献的使命。"科"是科学城的灵魂和主题，聚焦综合性国家科学中心建设，打造科技创新"策源地"；"产"是科学城高质量发展的关键支撑，科学城要瞄准主导产业、战略性新兴产业和未来产业，打造高质量发展"新引擎"；"城"是科学城可持续发展的重要基础，科学城要完善城市配套服务和功能，打造宜研、宜学、宜居、宜业的高品质城区。

1. 从郊区全新建设走向城区转型提升塑造

以往，国内外许多著名的科学城都采取了集中科学研究和产业创新资源，在郊区全新建设科学城的发展模式。目前，很多国家都采取了对城市功能服务较为完善、区域内已有创新源或者科技园区的城区进行再开发和转型提升塑造的方式，来建设科技型城区，以促进创新创业和高技术产业发展。这种方式利用已有的城市基础设施来发展创新型区域，不仅能够满足人才集聚对城市各项公共服务便利性的需求，也能够在城市已有的经济基础上进一步构建完善现代产业体系，提升城市整体实力。

当前，采取已有城区转型提升塑造方式的案例包括美国波士顿创新区、西班牙巴塞罗那科技园、加拿大蒙特利尔科学城、英国伦敦创新区，这几大科学城的发展均在知识创新资源基础良好的区域，采取一系列提升城市创新创业能力的举措。例如，美国波士顿创新区坐落在美国波士顿南部滨海半岛上，面积约4平方千米。针对其过去多年发展缓慢的问题，波士顿市政府提出进行旧工业用地改造和创新区建设，以"工作、生活和娱乐"为建设主题，打造集创业工作、居家生活和休闲娱乐于一体的多功能城市社区。该计划不仅对区域内的公共空间和老旧产业空间进行改造，而且通过策划一系列会谈、研讨、展销、创业交流等活动激发市民的企业家精神和创新精神。美国波士顿创新区建成后成效显著，区域内产生了大量生物医药、智能制造、清洁能源、信息技术、设计广告等领域的新企业，也形成了充满活力的创新氛围。

2. 从产业集群培育到创新创业生态系统构建

传统科学城的发展多注重高技术产业的引进和培育，而较少关注真正适合创新创业人才发展的创新生态环境，对人才氛围的关注不足。产业集群培育重点关注大中型企业集聚，以及大型企业和中小型企业的互动与合作，并未对衍生出来的小型企业给予足够的重视。世界多个科学城的管理部门都开始转变思路，从关注成规模的企业转向关注小型企业发展，从为大型企业的引进制定优惠政策转向为小型企业的孵化和发展提供更多支持，从关注产业集群的培育发展转向创新创业生态系统的培育。例如，瑞典西斯塔科学城、美国奥斯汀科学城等均采取了一系列支持区域内中小型企业发展的政策措施，通过风险投资引导、创新合作、新企业扶持等政策，鼓励创新创业企业的衍生和孵化。

创新创业生态系统以更加开放的态度关注产业中的创新创业，整合创新创业主体，促进更多的交流互动，并围绕其需求有效匹配各类创新创业资源，在制度、文化、空间和政策等系统要素的支撑下,促进创新创业活动不断开展,从而激发创新创业成果的产生。创新创业生态系统不仅包括技术创新,还包括体制机制创新和管理模式创新,良好的创新创业生态系统增强了各创新主体之间的协同能力,促进市场、政府和社会资源有机融合、相互作用。

3. 从本地资源整合到对接全球创新创业网络

当前世界科学城发展的另一个新趋势是从关注本地资源的整合,转变为更为开放地对接全球科技创新网络。这些科学城致力于建立与世界其他科技创新中心在知识创造、风险投资流动、人力资本流动,以及科技企业和科研平台的全球布局等方面的联系,将本地科技、产业优势与全球创新网络的价值对接,促进知识、创新流动。例如,中国台湾新竹科技园区在与美国硅谷的人才和技术流动中,获得了来自美国硅谷的技术溢出,跟上了美国硅谷产业更新的脚步。

除了人才流动带来的知识和技术转移,全球不同创新创业中心大学、研究机构与企业之间的合作也在增加,跨越地理界线组织创新优势力量的现象正在越来越多地出现。因此,先前侧重于本地创新生态系统内部多主体互动的发展已经越来越趋向更强的开放性,通过知识、人才、技术、资本的联系,构筑全球创新创业网络。在此背景下,全球科学城对人才、技术和资本等资源的竞争会更加激烈,如何立足于本地特色,形成对高端人才和稀缺资源的吸引力将成为未来全球科学城保持竞争力的关键。

三、科学城创新发展机理

科学城作为创新城区的一种,已然成为一种新的城市发展模式,其创新系统同样具备创新主体、创新资源、创新环境等构成要素,但科学城主要依托重大科技基础设施集群发挥协同和辐射效应,具备自身独特的发展功能、发展机制和辐射效应。张耀方(2017)认为,综合性国家科学中心涵盖知识创新、技术创新、管理创新、文化引领四大功能,科学城作为综合性国家科学中心的重要支撑,同样应具备相应功能。陈套和冯锋(2015)认为,重大科技基础设施集群建设和运行,将在政治(国防外交、国际地位)、科技(原始知识和技术产出)、经济(产业结构优化、区域经济发展)和社会(城市功能转变、社会福利供给、人文素养提升)等方面发挥强大的辐射效应。结合区域创新理论及科学城发展趋势,从知识创新、技术创新、管理创新、文化引领四个维度阐述与科学城创新发展中的主体要素和环境要素的相互作用机理,科学城创新发展机理如图2-1所示。

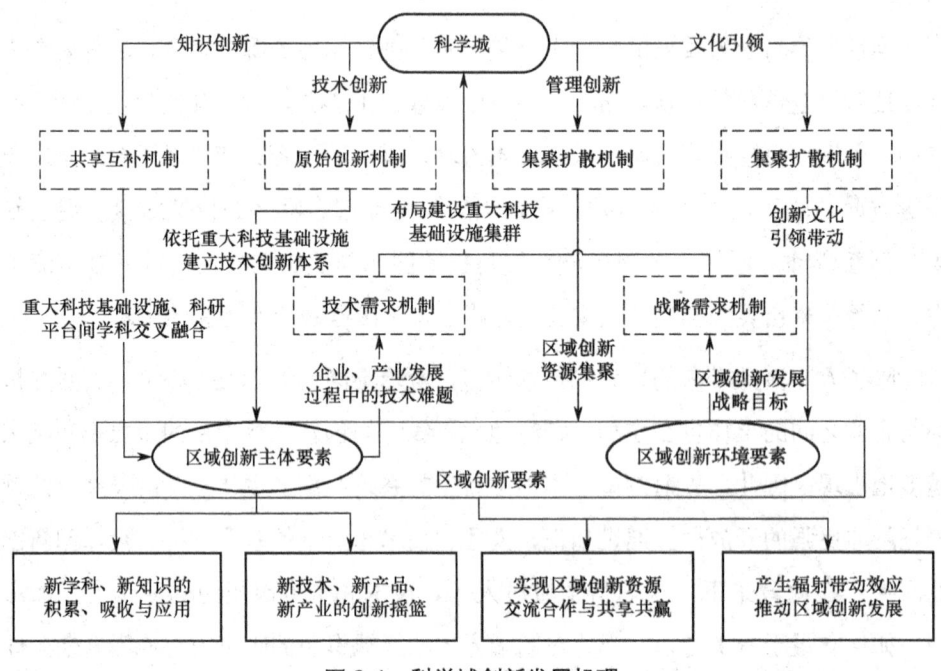

图2-1 科学城创新发展机理

1. 知识创新对区域创新主体要素的作用机理:共享互补机制

科学城依托重大科技基础设施产生的知识创新,为区域创新体系中的企业、高校、科研机构等主体要素提供了源动力。知识创新是指通过科学研究获得新的自然科学和技术科学知识的过程,其目的主要包括追求新发现、探索新规律、创立新学说、创造新方法、积累新知识等方面。在科学研究中进行学科的交叉融合意味着科学技术能进一步向深层次、高水平发展,而重大科技基础设施的建设在为多学科交叉融合提供载体的同时,也为新学科的兴起搭建了重要平台。科学城依托重大科技基础设施集群,针对多学科、多领域的基础前沿研究,通过研究设施、知识信息的共享形成知识协同，在交叉研究平台上发挥优势互补作用，在更复杂的微观层面取得重大理论突破或重大科学发现，实现原始性的知识创新，乃至衍生新学科。因此，通过科学城内重大科技基础设施在知识创新方面的共享互补机制，产生了创新主体要素间的知识协同，有利于各创新主体要素对新知识的积累，并对新知识进行吸收与应用，从而推动区域创新主体整体创新能力的提升。

2．技术创新对区域创新主体要素的相互作用机理：技术需求机制和原始创新机制

重大科技基础设施、科研平台等的高度集聚，将给许多生产或发展难题带来技术性突破。技术创新是指把科技成果引入生产过程，导致生产要素的重新组合，并把它转化为能在市场上销售的商品或工艺的全过程。区域内科技和产业的发展过程，对于提高生产能力、转变生产方式等具有不断寻求升级发展的技术需求。因此，高校、科研院所、企业研发机构等可以依托科学城的重大科技基础设施，针对企业和产业发展的技术需求开展相关研究，带来相关技术的突破和创新，通过技术成果转移转化，使得产业得到转型和升级发展，从而促进区域和产业创新发展。企业、高校、科研院所等区域创新主体要素通过技术需求机制使得核心技术与实际需求相对接，建立以应用为导向的技术创新体系，通过技术需求机制和原始创新机制，推动制约大中小型企业发展的技术创新瓶颈问题的突破和解决，进而成为新技术、新产品、新产业的创新摇篮。

3．管理创新对区域创新要素的作用机理：集聚扩散机制

科学城的管理创新有助于其通过集聚扩散机制推动创新主体要素和环境要素集聚发展。根据增长极理论，为了带动区域内产业和经济的发展，科学城在制度创新、组织创新的作用下，通过集聚机制，以产学研结合、建立创新联盟等形式，推动高校、科研院所、企业研发机构等创新要素集聚。此外，在模式创新的作用下，管理体制机制的转型和管理结构的升级，有利于提高区域内创新资源交流合作的效率，从而使区域内重大科技基础设施、高校、科研院所、企业研发机构等创新资源实现交流合作与共享共赢。在增长极理论的极化效应中，经过一段

时间的发展后,科学城利用创新要素集聚效应使得区域创新得到较大发展,并在发展到一定程度后,产生了推动区域周边创新发展的扩散机制,带动了周边区域在企业创新、产业升级、城市更新等方面的发展。

4. 文化引领对区域创新要素的相互作用机理:战略需求机制和集聚扩散机制

一个区域的创新发展进程往往体现了其战略目标,在科技创新对区域发展的关键推动作用下,区域创新发展的战略目标对科技能力的提升也表现出了强烈需求。因此,在战略需求机制下,科学城通过布局建设重大科技基础设施,吸引高端创新资源集聚,推动综合性国家科学中心建设,有着重要的战略导向。根据增长极理论,增长极的经济发展对区域发展表现为极化效应和扩散效应,即科学城的文化引领功能,既体现了区域内集聚创新文化、反映区域内战略目标的先进性与引领性,也体现了对区域内高校、科研院所、企业、中介机构、政府等主体要素在创新驱动发展理念方面的带动作用。区域内具有高度开放的创新文化和创新精神,而这种文化与精神改变了区域内原有的生产方式、生活方式和消费观念,带来了区域创新发展的新面貌。

第三节 高新区和科学城创新生态系统的概念辨析

一、高新区创新生态系统

高新技术产业开发区(以下简称"高新区")是中国改革开放后在一些知识密集、技术密集的地区,依托科技资源和开放环境建立的高新技术产业集聚的区域综合体。其作用是充分发挥创新集聚作用,促进高新科技成果快速转化为现实生产力。高新区已成为推动技术转移、知识交换及科技产业发展的重要实现载体,也是驱动区域和国家创新发展的重要平台。

高新区创新生态系统是以提升创新能力、实现高质量发展为目的,将创新要素进行整合和优化配置,充分发挥创新资源集聚效应,通过营造良好的创新环境,实现研发创新、应用生产和商业转换一体化,形成由创新要素输入、系统运转与跃迁、创新效益输出等子系统组成的多主体协同发展的动态开放自组织系统。高新区作为知识和技术密集的科技产业园区，具备一定的创新要素和优势，相比其他层面的创新生态系统，高新区创新生态系统更加强调创新要素的聚集和创新成果的转化。

二、科学城创新生态系统

科学城创新生态系统是高新区创新生态系统演进的高级阶段，在延续高新区创新生态系统在研发和应用等优势因素的基础上，对结构、功能、生态因子等进行优化改良，从而形成一个具有城市功能的高技术创新载体。与高新区创新生态系统相比，科学城创新生态系统侧重于在创新生态、产业生态、社会生态、人文生态、自然生态等方面，强调人、自然、社会、生态的和谐发展。

两者的区别主要体现在两个方面。一是有别于高新区以技术研发和产业应用为核心，科学城的创新涉及了知识创新、技术创新和产业创新等各个环节，科学城的创新生态链更为完整和健全。二是科学城创新服务功能更加完备，能为创新全过程提供支撑服务，包括专业支撑和配套支撑。专业支撑主要针对基础研究、应用研究、产品开发、规模化生产等创新各阶段提供专业化服务。配套支撑则针对科学城中开展创新创业活动的人，配备功能完善的生活服务设施及公共服务设施，满足人们衣、食、住、行等基本生活需要，以及文化、教育、休闲、娱乐等精神文化需求，进而发挥科学城吸引和集聚人才的功能。

第四节 松山湖科学城创新生态系统结构与特征

一、松山湖科学城创新生态系统结构

松山湖科学城通过四大体系和三种机制组成了创新生态系统的主要框架，如图 2-2 所示。

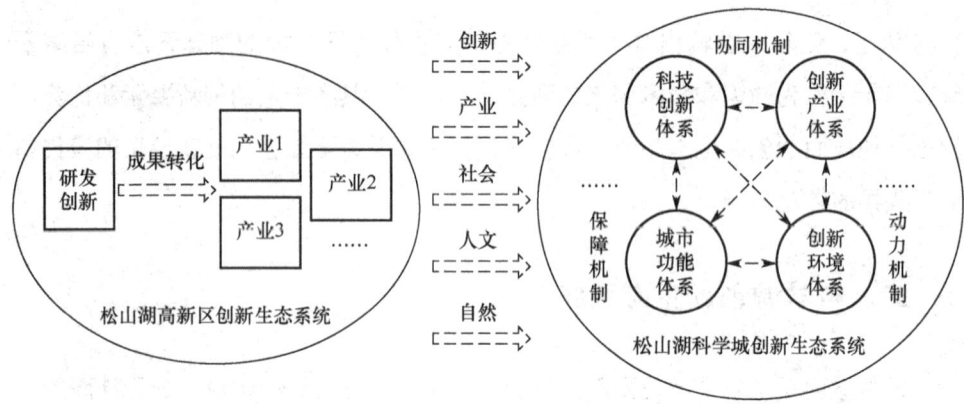

图 2-2　松山湖高新区创新生态系统与松山湖科学城创新生态系统主要框架

四大体系包括科技创新体系、创新产业体系、创新环境体系及为创新提供服务支撑的城市功能体系。科技创新体系是整个创新生态系统的核心。作为大湾区综合性国家科学中心先行启动区，松山湖科学城始终将科技创新作为首要任务，不断构建"源头创新—技术创新—成果转化—企业培育"全链条创新体系，打造具有国际影响力的科技创新策源地。依托科学城基础研究和战略科技优势，强化创新对新兴产业集群发展的引领作用，打造以硬科技为主导的创新产业体系，推动区域经济高质量发展。同时，发挥松山湖科学城作为国家战略平台的先行优势，以制度创新为统领，深化体制机制改革，打造良好的创新环境体系。此外，松山湖科学城不断健全城市功能体系，为创新人才、创新活动提供良好的生产和生活配套。

松山湖科学城还初步构建了衔接创新链条、集聚创新资源、激发创新活力的运行机制。通过协同机制、保障机制和动力机制这三种机制，将四大体系有机、统一地衔接，共同支撑松山湖科学城创新生态系统的平稳发展。协同机制主要作用于全链条创新的各个环节，依托大科学装置，松山湖科学城的源头创新具有独特优势，但要实现从源头创新到技术创新，再到成果产业化，则需要通过协同机制更好地调动高校、科研院所、企业科研机构等主体开展紧密合作。同时，开展源头创新、技术创新和产业创新等创新活动，还需要创新人才、创新资金、专业化服务等资源要素，且城市生活配套服务等对创新人才也至关重要。松山湖科学城通过构建保障机制，不断集聚创新人才、构建科技金融服务体系和科技服务体系，打造服务创新创业的新型社区和城市环境，为科学城的创新活动提供资源保障。此外，松山湖科学城积极探索创新激励政策，培育创新文化氛围，通过构建动力机制，激发创新主体的积极性和自主性，提高创新效率，塑造创新价值理念。

二、松山湖科学城创新生态系统特征

相比松山湖高新区创新生态系统以技术创新的成果转化过程推动产业发展为逻辑，松山湖科学城创新生态系统结构更全面、更完善，尤其在创新体系、产业体系、创新环境、城市配套等方面具有以下特征。

1. 创新体系化

松山湖科学城建设从创新全链条出发，围绕"源头创新—技术创新—成果转化—企业培育"创新链条不断构建创新体系（见图2-3）。通过开展原始创新，突破一批重大科学难题和前沿科技瓶颈，引发颠覆性技术创新和突破，从而带动新兴产业的萌芽和增长，为产业发展提供源源不断的动力，有力推动科技进步和经济持续健康增长。其中，源头创新环节通过大科学装置、专业领域研究设施、研究型大学、实验室等来实现；技术创新主要通过前沿领域交叉研究平台、专业领域技术创新平台、应用型大学、新型研发机构等来实现；成果转化通过新型研发机构、中试验证平台、应用推广平台等来实现；企业培育则通过新型研发机构、科技企业孵化器、创新工厂、众创空间等来实现。

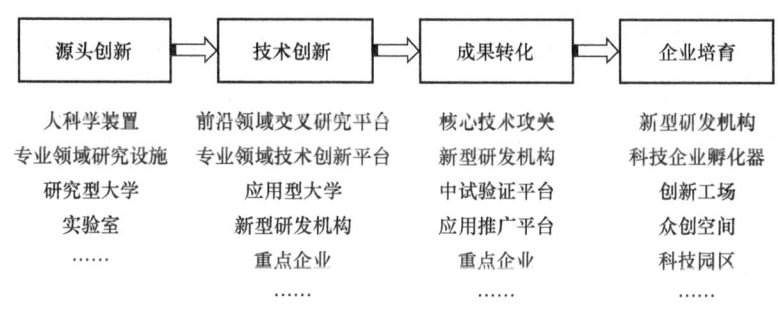

图 2-3　松山湖科学城创新体系

2. 产业高端化

松山湖科学城坚持产业高端发展方向,打造以硬科技为主导的现代产业体系(见图 2-4)。强化产业链布局,不断巩固新一代信息技术产业,重点发展生物产业、机器人与智能装备产业、新材料产业;同时,强化现代服务业尤其是高端生产性服务业对先进制造业的支撑作用。不仅如此,松山湖科学城还依托强有力的源头创新资源优势,超前开展未来产业探索研究,前瞻布局未来产业,抢抓产业"新风口",抢占发展制高点,保障产业持续健康和高质量发展。

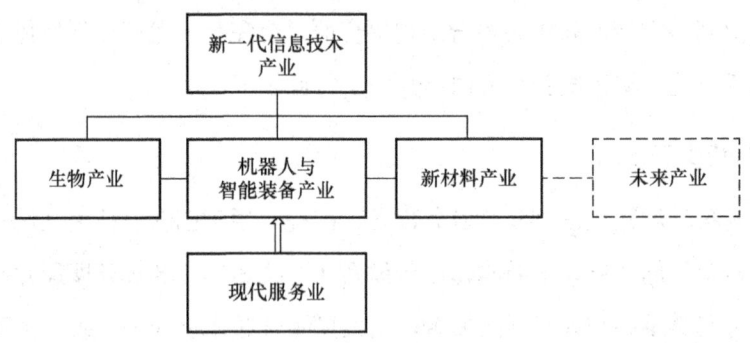

图 2-4　松山湖科学城现代产业体系

3. 环境生态化

松山湖科学城十分注重创新软环境的打造,主要体现在创新治理和创新人文环境方面。在创新治理方面,松山湖科学城通过出台系列创新政策,围绕基础研究、产业核心技术攻关、科技成果转化与产业化、企业自主创新能力、人才创新创业、科技金融融合发展、港澳创新资源协同、国际科技合作与交流等方面形成具体支持举措,充分激发创新创业活力。在创新人文环境方面,坚持人才引领发展的战略地位,开展全链条引才,打造国际化创新人才队伍,不断完善创新人才服务体系,塑造崇尚科学的独特价值理念,形成尊重知识、崇尚创新、尊重人才、热爱科学的浓厚氛围。

4. 功能社会化

松山湖科学城充分遵循"以人为本"的发展逻辑,加快提升凸显创新特色的城市综合服务功能，展示人城产融合的创新人才生态新气象。一方面，完善住房、教育、医疗等生活配套，为各类创新人才提供便利的工作、生活环境，让人才安居乐业。另一方面，松山湖科学城充分利用自然生态优势，建设独具特色的松山湖水系生态空间和公共生态休闲空间，瞄准国际化高端人才精神文化需求，打造朝气蓬勃的活力之城。

第三章

国内外科学城创新发展的模式和经验

国内外发达国家和地区都把科技创新中心、科学城建设等作为转变经济发展方式、提升科技创新能力的重要探索和实践。美国硅谷、日本筑波科学城、韩国大德科学城等国外科学城建设成效举世瞩目，国内北京怀柔科学城、上海张江科学城、合肥滨湖科学城、深圳光明科学城等一批科学城建设方兴未艾。梳理总结国内外科学城在加强系统谋划、构建区域创新体系、深化开放创新、营造创新氛围、提升城市品质等方面的经验与做法，可为有效促进科学城科技、产业、城市深度融合发展提供重要经验和启示。

第一节　国外科学城创新发展模式

一、美国硅谷

1. 发展概况

美国硅谷是世界上第一个高新技术产业区，也是最具创新能力和活力的高科技园区之一。美国硅谷位于美国加利福尼亚州北部大都会区旧金山湾区南部，向南延伸到圣何塞市，是一块长约 100 千米、宽约 15 千米、面向太平洋的平坦谷地。作为全球最有"创造力"的地区，美国硅谷不断催生出新的产业形态，引领世界产业发展潮流。从 20 世纪 60 年代的半导体，到 70 年代的计算机、80 年代的软件产业、90 年代的互联网开发与服务，再到 21 世纪的创新服务，美国硅谷始终占据着产业链的高端环节。美国硅谷在形成之初没有政府的任何号召，主要以斯坦福大学、加利福尼亚大学伯克利分校等一批科研力量雄厚的顶尖大学和科研机构为依托，通过自发营造宽松的环境和创新的文化氛围，形成了独立自主的意识和注重市场的观念。发展至今，美国硅谷通过吸引全球资金、技术、人才高效集聚，形成了与全球经济高度互动的发展模式，成为世界高新技术的摇篮、高新技术产业的发源地。

2. 发展的经验与特色

美国硅谷是以市场为主导发展起来的，通过研究开发与制造相结合，形成了教学、科研和应用一体化模式，使得科技成果迅速在企业转移转化，推动高科技产业的长足发展，从而取得巨大的经济效益和社会效益。独特的硅谷文化、良好的融资环境、紧密的主体互动、完善的服务体系、有效的激励机制等都是推动美国硅谷发展的主导因素。

1）推动市场化运作和政府引导高度融合

美国硅谷的形成和发展是市场化的产物，企业通过市场化运作实现自主创新的高技术成果产业化。政府的职责更多是通过制定各种适当、有效的政策措施和完善的法律制度来推动企业成长，通过实施政府采购，加大对美国硅谷大学、实验室、企业等的研发投入，制定支持创新的法规政策等对美国硅谷高新技术产业进行支持。例如，在法规政策方面，美国通过立法形式支持企业研发创新，《拜杜法案》《美国破产法》《美国统一合伙法》等一系列法案修订出台，为美国硅谷的高端科技研发、科技成果转化和风险投资集聚提供了宽松的外部环境。

2）加强大学、科研机构与企业间联系

美国硅谷企业与大学、科研机构等形成了产学研结合创新机制，有效促进了知识创新与技术创新的协同，加速了科技成果的转化。美国硅谷拥有斯坦福大学、加利福尼亚大学伯克利分校等著名研究型大学，还有多所专科学校、技工学校和私立专业学校。这些学校既注重新理论、新结构、新工艺的研发，也积极与企业共建研究机构，共同研究新技术、开发新产品，彼此间联系非常紧密。例如，斯坦福大学制订了产业联盟计划，进一步促进科研机构、大学院校与外部企业的合作。

3）营造良好的风险投资生态

美国硅谷拥有一整套企业融资渠道，包括从企业初创期的天使资金、风险债券、职业投资人到企业成长期的纳斯达克上市等，其中，充足的风险投资资金是美国硅谷高技术产业发展的催化剂。美国是全球风险投资最为活跃的地区之一，而美国硅谷作为美国乃至世界创新能力最强的地区之一，吸引了众多风险投资机构，资本和科技的快速融合，形成了风险投资与高技术企业双赢的良性循环。从1972年第一家风险投资企业在沙丘路（Sandhill Road）落户，风险投资资本就开始助推美国硅谷企业快速成长，催生了以苹果（Apple）、谷歌（Google）、脸书（Facebook）等为代表的一批世界级科技创新企业。

4）推动形成富有活力的硅谷创新文化

美国硅谷作为高科技产业的集聚中心，形成了开放包容、勇于创业、宽容失败、崇尚竞争、讲究合作、容忍跳槽、鼓励裂变的独特文化。其中，勇于创业、宽容失败激发了员工大胆尝试、勇于探索的创新热情；崇尚竞争使人们既着力于自身能力和水平的不断提高，又注重在竞争中向对手学习；讲究合作使硅谷形成一种协同高效的双向知识交流氛围。可以说，硅谷文化是在高科技产业发展的特殊环境中逐步形成的，其对高科技产业的进一步发展壮大产生了巨大影响。

5）构建完善的中介服务体系

美国硅谷聚集了包括人力资源、技术转让、会计、税务、法律服务、咨询服务、猎头等各类中介服务机构，形成了市场化运作、专业高效的中介服务体系。例如，律师既可以为企业提供法律和商务咨询，又可以利用广泛社会关系网络将其他客户引荐给各种供应商、合资者和其他伙伴；会计师超越传统审计师或报税顾问的职能，创造性阐释会计业务，为高新企业融资提供指导；猎头公司通过人力资源精准匹配，助力企业寻找更加合适的首席执行官与高层领导。此外，美国硅谷的行业协会也发挥了重要作用。例如，美国硅谷生产协会积极与加利福尼亚州政府配合，为地区解决生态环境、土地使用、运输不畅等问题提供解决方案；半导体设备和原料协会积极寻求半导体芯片技术标准统一；等等。

6）强化人才引进和激励机制

美国硅谷的快速发展离不开丰富的人才供给。一是通过招收大量留学生培养后备人才。二是利用平台机构大量引进人才，如依托联邦研究开发实验室招聘或引进国外著名科学家。三是制定宽松的技术移民签证政策，实施专门为吸纳国外人才的签证计划，如实施 H-1B 短期签证计划等，大力放宽对高技术人才及其家属移民的限制，吸引并留住人才。四是以立法的形式打破竞业禁止协议，通过构建开放型产业生态，加速区域内的人才流通和技术传播。五是创造良好的研究开发和创新环境，为高端人才提供优厚的物质和生活待遇，有效吸引国外人才。

二、日本筑波科学城

1. 发展概况

日本筑波科学城是日本政府在 20 世纪 60 年代为实现"技术立国"目标而建

立的科学工业园区，其开创了科学工业园区建设的新模式。日本筑波科学城位于东京东北约 50 千米处，总面积约 284 平方千米，是日本唯一集中设置研究机关和大学的科学园区，被誉为日本的"头脑城"。日本筑波科学城于 1958 年首次提出构想，于 1963 年开始建设，1980 年基本建成，如今已发展成为产、学、研、住相结合的国际化城市，不仅培育出实力强劲的筑波大学，在高能物理等领域做出突出贡献，还集聚了 10 多个部委和 40 多个国家级研究院所，推动了土木工程、农林水利、天文气象、医药化工、机械电子等众多领域发展，一度成为全世界效仿学习的榜样。可以说，日本筑波科学城是从日本国家层面部署的创新科技园区，也是日本最大的高等教育与科研基地。

2. 发展经验与特色

日本筑波科学城是典型的自上而下建设的研究型科学城，通过政府主导与加强立法保障、加强城区统筹规划建设、推动协同创新、提升国际化水平等手段，为城市创新生态注入不竭动力。

1）日本政府发挥重要主导作用

作为典型的政府主导型科学园区，日本政府在日本筑波科学城前期建设中发挥了积极作用。一是制定一系列法律法规，包括 1970 年出台《筑波研究学园城市建设法》、1971 年制定《筑波研究学园城市建设计划大纲》、1983 年颁布《高技术工业聚集地区开发促进法》，从法律层面对科学城社会、经济、生活等领域进行布局，有力保障科学城建设发展。二是政府直接参与日本筑波科学城的管理，采取国家统一领导、各部门分工协作的管理体系，在日本首相办公室设"科学城推进本部"，与住宅和城市开发集团、建设部、筑波新城开发公司等各部门协调推进日本筑波科学城建设。三是主导集中迁移多所公共研究机构及相关科研人员，强化日本筑波科学城的研究力量，助力日本筑波科学城快速创新发展。

2）发挥科研集中功能形成学科规模效应

日本筑波科学城集聚了包括日本国立物质材料研究所、日本核融合研究所、日本生物科学研究所、日本国立放射性学研究所等在内的多个研究机构，同时拥有著名的筑波大学和茨城大学，以及其他众多日本国内外知名大学（如东京大学等）的分校和研究所。这些高校院所科研实力雄厚，围绕电子学、生物工程技术、纳米和半导体、机电一体化、新材料、信息工学、宇宙科学、环境科学、新能源、现代农业等优势领域，在基础科研和前沿技术研究方面发挥了突出作用，产生了一批具有国际先进水平的研究成果。2008年，日本高能加速器研究所机构名誉教授小林诚获得诺贝尔物理学奖，2000年筑波大学名誉教授白川英树获得诺贝尔化学奖。

3）着力营造开放和国际化的创新环境

1985年，日本成功举办以"人类、居住、环境和科学技术"为主题的筑波世博会，为日本筑波科学城的建设发展、对外开放提供了重要的机遇。以此为契机，日本筑波科学城积极推动各种基础服务设施建设，大幅提升知名度和影响力，会后吸引了大量国内外企业入驻和外籍员工入职，大大加快了城市的对外开放进程。1999年，筑波国际会议中心落成，频繁的国际会议更给日本筑波科学城带来国际新理念、新技术，也让大量的外籍研究人员来到日本筑波科学城工作。深化国际交流合作打开了日本筑波科学城面向世界的大门，也提升了日本筑波科学城的国际声誉和知名度。

4）营造良好的人才生活环境

一方面，日本筑波科学城不断完善生活保障，构建从幼儿园到大学的教育设施，人均拥有的医务人员数量远高于日本平均水平，为留学生、外国学者及其家庭提供低租金的宿舍，为研究人员提供良好的生活环境。另一方面，日本筑波科学城提供良好的人才服务，当地政府向外籍人员提供英语、汉语、韩语等10种语言的电话咨询或面谈服务热线，并在主要道路、公共设施、信息发布点与学校网站等使用日语、英语、汉语、韩语4种文字展示相关信息，同时以发放生活指导手册的方式为外籍研究人员做好生活引导工作，提高外籍研究人员在日本筑波科学城工作和生活的便利程度。

三、韩国大德科学城

1. 发展概况

韩国大德科学城位于韩国中部的忠清南道大田附近，是韩国大德创新特区的核心板块，也是亚洲最大的产学研综合园区，被称为韩国科技摇篮和21世纪韩国经济增长的发动机。韩国大德科学城建设于1973年，与日本筑波科学城类似，韩国大德科学城初期建设及发展规划都是由韩国政府主导的，主要服务于韩国国家目标，与地方产业发展联系并不紧密，开发较为缓慢。1983年，韩国大德科学城并入大田市，其功能定位逐渐向大田市次中心转变，与地方经济发展的联系逐渐加强，开始重视创新成果转化，整体开发模式也从完全的政府主导向民间力量和商业力量转移。2005年，韩国政府对韩国大德科学城进行改革，将园区更名为韩国大德创新特区，注重与地区经济发展的结合，强调研究成果商业化，以及与大学、企业和科研机构的互动发展。

2. 发展经验与特色

韩国大德科学城的建立是韩国政府加快技术创新体系建设的重要措施之一，其通过完善创新创业机制、产学研机制、人才培养机制等，有效推动了科学城高科技事业发展，成为韩国经济发展的助推器。

1）发挥政府的主导作用

韩国大德科学城是韩国政府"技术立国"战略的重要组成部分，其建设过程体现了韩国政府的意志。具体而言，韩国大德科学城发展初期入驻的研究机构与公办院校大部分是由韩国政府主导迁移而来的，这奠定了韩国大德科学城的研究实力基础。同时，韩国政府根据经济发展环境和形势变化，不断修改科学城发展政策及规划，充分发挥政府在科学城发展中的引领作用。例如，经历了初期开发缓慢的困境后，韩国政府果断调整策略，引入民间力量，积极推动研究成果商业化。在政策支持方面，韩国政府通过相关法律法规制定，将韩国大德科学城的建设提高到国家层面，保证促进科技创新的措施能够顺利施行。这些法律法规维护了科学城的规范化运作,极大程度地促进了韩国大德科学城的健康发展及高效运行。

2)健全科技成果转移体系

韩国大德科学城建立了以产品为主线的科技开发体系和开放式的研究开发网络,采取引进与创新相结合的方式发展高新技术产业。同时,韩国大德科学城还构建了先进的信息交流平台和共享实验平台,集聚专业研究机构、大学和企业研究所,充分运用科学城内高端研究设备,推动实现资源共享,高效推进产学研合作,把科研成果迅速应用于企业生产当中,转化为经济效益。此外,韩国大德科学城大力支持各种类型的科技中介服务机构、管理咨询公司发展,为高科技企业提供有效的风险管理、项目融资、创新管理、人力资源管理、知识产权管理、国际化经营等方面的服务,切实解决科技与经济的脱节问题,推进高科技成果的产业化。

3)营造良好的创业投资环境

韩国大德科学城内设有被称为"创业哺育室"的创业指导和培育机构,向创业者提供由研究机构开发的专利技术,并负责对其进行创业辅导和培训,直到新创企业能够自主运营。管理部门还制定了科学城招商促进条例,迁入韩国大德科学城的科研机构和高科技企业除了能得到创业基金,还可以得到搬迁补贴、设施补贴、招工补贴、人员培训补贴等,为中小型风险企业提供了良好的创业环境。另外,韩国政府为扶植和培育科学城内的高新技术企业,建立了各种形式的科技金融机构和风险投资资金,为高新技术产业开辟了多元化的融资渠道。

4)强化国际机构间交流合作

韩国大德科学城通过教育培训合作、技术转让、研发合作及科学和经济交流等方式,与包括法国的索菲亚-安提波利斯、中国的中关村科技园、英国的曼彻斯特科学园等海外研发创新集群形成协作关系,有效促进了韩国大德科学城的全球化发展进程。同时,韩国大德科学城大力促进韩国优秀企业、大学、研究机构与海外研究中心开展联合项目攻关,建立了众多具有世界级水准的联合研发中心。可以说,韩国大德科学城通过设立联合研发中心,增强国际技术交流,更好地展示和转化前沿科技成果,进而保持科技创新的领先地位。

5) 构建合理的人才培养模式

韩国大德科学城非常重视研发人才的培养，例如，韩国科学技术院（KAIST）等教育科研机构为有才华、有前途的科学家开设以研究为重点的硕士、博士研究生课程；韩国科学与工程基金会（KOSEF）也对科学城内各大学的基础研究给予资金支持，并向那些到世界著名机构开展深入研究的博士后提供财政资助，使有才华的科学家获得继续深造的机会。此外，韩国大德科学城中各种政府资助的研究所开办了各种技术讲座和研讨班，为产业界培养人才队伍。所有这些活动构成了全面的高素质专家培训体系，培育了一批韩国产业开发的带头人，成为推动科学技术发展的中坚力量。

四、经验和启示

1. 积极发挥政府引导支持，重视市场主导作用

通过对国外科学城发展实践的研究，我们发现任何科学城的发展都离不开政府的参与。例如，美国硅谷虽然是由市场力量作用的结果，但其发展仍然离不开政府的扶持和参与，包括采购支持、制定知识产权保护政策、营造创新环境氛围等。日本筑波科学城和韩国大德科学城作为典型的政府主导型科学园区，政府的主导作用有效推进了园区的前期建设，但政府的过度干预也导致出现市场效率低下、产业发展困难等问题，对此科学城做出发展战略调整，积极引入社会力量，推动市场化改革，逐步实现科学城健康发展及高效运行。因此，在科学城发展建设过程中，要坚持有效市场、有为政府的工作原则，坚持市场化、法治化，充分发挥市场在资源配置中的决定性作用，更好发挥政府的作用，转变政府职能。

2. 推动产学研合作，建立开放共享创新体系

作为知识创新源头的大学和科研机构与作为技术创新主体的企业间的高度结合，是高新技术产业创新发展、科学城保持创新活力的重要保障。美国硅谷、日本筑波科学城、韩国大德科学城等都注重推动多主体良性互动。例如，斯坦福大学制订产业联盟计划，形成允许教师兼职等一系列措施，加强了大学与高科技企业及政府部门之间的广泛联系。筑波大学允许教师创业并兼任公司董事长，积极

与民间咨询服务机构开展合作，推动科技成果转化。韩国大德科学城构建先进的信息交流平台和共享实验平台，推动实现资源共享，将科研成果转化为经济效益。因此，在科学城发展建设过程中，可通过搭建由政府、高校研究所、企业共同参与的交流合作平台，建设联合实验室或研究院，打通行业龙头企业与科研院所、高等院校之间的交流渠道。同时，大力支持科技中介服务机构、管理咨询公司发展，切实解决科技与经济之间脱节的问题，推进高科技成果有效转化。

3．加快发展风险投资，拓宽企业融资渠道

风险资本是高新技术行业发展的催化剂。美国硅谷作为现代风险投资的发源地，依靠发达的风险投资行业带动了整个高科技产业的快速发展，苹果、微软等高科技企业巨头都曾受惠于风险投资，这些高科技企业巨头的成功也进一步吸引更多风险资本进入美国硅谷，形成风险投资与高科技企业双赢的良性循环。日本筑波科学城和韩国大德科学城都注重设立风险基金，引入风险投资机构，通过大幅放宽投资领域限制，实施外商投资全面自由化和鼓励政策，为高新技术产业开辟了多元化的融资渠道。因此，在科学城发展建设过程中，应以现有产业引导基金为基础，与私募股权、创新投资、风险投资等基金公司开展平台共建，引导各类资金共同支持重点产业发展，同时积极探索知识产权质押等新型融资模式，激发企业创新活力，为企业创新提供金融支撑。

4．加强开放创新，构建国际化竞争优势

国际化是科学城的重要特色，加强国际交流合作有利于推动科学城全球化，以及提升国际竞争力和吸引力。日本筑波科学城与韩国大德科学城都通过举办世博会提升了国际声誉和知名度，吸引了大批专家学者和优质企业前往，成功推动科技园向城市转变。同时，日本筑波科学城和韩国大德科学城还通过鼓励企业、大学、研究机构等与海外研究中心开展联合项目攻关，建立联合研发中心，加强国际技术交流，一度成为各自国家内重要的国际学术交流基地。因此，在科学城发展建设过程中，要注重构建国际化的交流合作平台，通过塑造行业内的顶级品牌，营造优质的产业生态，不断提升科学城的技术引领性和产业影响力。同时，科学城应注重加强基础设施建设，打造国际化城市商业配套设施，吸引和集聚各类国际创新资源，不断提升科学城的人才吸引力和城市竞争力。

5. 厚植人才沃土，构建人才发展生态

21 世纪是人才资本竞争的时代，聚集大批多样化高层次的人才对科学城建设发展尤为重要。美国硅谷通过吸引大量留学生来储备优秀人才，并依托独特的硅谷文化，营造开放式的创新创业氛围，进一步吸引优秀人才，有效发挥人才创新能量。韩国大德科学城通过开展针对性学习课程，提供资金补助和深造机会，为产业界培养了一批高质量人才队伍。日本筑波科学城着重为人才打造"硬环境"，不断完善公共服务设施，优化医疗、教育、住房、养老等多方面服务，使研究人员无后顾之忧。因此，在科学城发展建设过程中，要不断构建完善"引、育、用、留"全链条人才发展体系，既要在机制创新、人才服务、文化氛围营造等软环境改善上下功夫，又要在基础设施、生态环境等硬环境优化上着重发力，打造创新人才高地。

第二节 国内科学城创新发展模式

一、北京怀柔科学城

1. 发展概况

北京怀柔科学城位于北京市东北部，规划面积 100.9 平方千米，以怀柔区为主（68.2 平方千米），拓展到密云区部分地区（32.7 平方千米）。北京怀柔科学城建设最早可追溯到 2009 年，中国科学院和北京市签署战略合作协议，共建怀柔科教产业园区，包括中国科学院大学、科研与转化基地和大科学装置板块，为北京怀柔科学城建设打下了基础。"十二五"期间，高能同步辐射光源、综合极端条件实验装置、地球系统数值模拟装置 3 个大科学装置落户北京怀柔科学城，北京怀柔科学城大科学装置集群效应初步凸显。2011 年，中国科学院与北京市签署院市共建北京综合研究中心协议，迈出了在怀柔区建设依托大科学装置的综合性研究中心第一步。2016年，国务院印发《北京加强全国科技创新中心建设总体方案》（国发〔2016〕52号），提出"统筹规划建设中关村科学城、怀柔科学城和未来科技城"；同年，北京市印发《怀柔科学城建设发展规划（2016—2020年）》，怀柔科学城建设自此步入快车道。2017年，国家发展和改革委员会、科学技术部正式批复北京怀柔综合性国家科学中心建设方案，明确以怀柔科学城为核心承载区进行建设。怀柔科学城作为北京建设国际科技创新中心"三城一区"（中关村科学城、怀柔科学城、未来科学城、北京经济技术开发区）主平台之一，其战略目标是建成与国家战略需要相匹配的世界级原始创新承载区，旨在提升我国在基础前沿领域的源头创新能力和科技综合竞争力。目前，北京怀柔科学城共有科学设施平台29个，包括5个大科学装置、11个科教基础设施和13个交叉研究平台[①]。

2. 发展经验与特色

北京怀柔科学城以建设北京怀柔综合性国家科学中心为引领，依托大科学装置着力打造科技基础设施集群，完善公共服务功能，营造聚人气、聚科研气的创新生态，加快迈向世界级原始创新策源地。

1）打造科技设施平台集群

北京怀柔科学城充分利用中国科学院优势资源和科技力量，布局形成大科学装置集群，并围绕大科学装置重点领域建设了一批科教基础设施和交叉研究平台。在大科学装置建设方面，聚焦物质、空间、大气环境、地球生命等领域，布局了高能同步辐射光源、多模态跨尺度生物医学成像设施、综合极端条件实验装置、地球系统数值模拟装置和"子午工程"二期共5个大科学装置。在科教基础设施和交叉研究平台建设方面，重点依托中国科学院物理研究所、化学研究所、高能物理研究所、地质与地球物理研究所、生物物理研究所、国家空间科学中心及北京大学、清华大学等一批中国科学院研究所及高等院校资源，建设了大科学装置用高功率高可靠速调管研制平台、物质转化过程虚拟研究开发平台等11个

[①] 数据来源：怀柔科学城官网。

科教基础设施，以及材料基因组研究平台、清洁能源材料测试诊断与研发平台等 13 个交叉研究平台。随着先进科学设施的建成与应用，北京怀柔科学城将在多领域取得重大突破，不断增强科学城源头创新承载力。

2）营造"聚人气、聚科研气"的创新生态

一是创新主体加快集聚，吸引了中国科学院一批科研院所、中国科学院大学、北京大学、清华大学、中国有研科技集团、中国机械科学研究总院、中国航空综合技术研究所等高校院所和中央企业入驻，集聚了中国科学院大学怀柔科学城产业研究院、中科脑智创新技术产业研究院等新型研发机构和研究院；创新人才集聚，截至 2020 年底，在怀柔科学城工作和生活的科研人员超过 5000 人，硕士生和博士生超过 10000 人[①]。二是创新创业孵化载体逐步构建，建设了创业黑马科创加速总部基地、中关村信息谷雨林空间国际孵化器、长城海纳硬科技加速器等一批硬科技孵化转化园区，有效支撑怀柔科学城创业孵化和成果转化需求。三是培育发展全链条科技服务业态，充分利用科学设施平台集群优势，培育研发设计、成果转化、创业孵化、科技金融、分析检测认证、科技咨询、知识产权等科技服务业态。四是积极探索创新改革机制，用好市院合作、校地共建、央地协同等机制，充分挖掘科研院所、设施平台、高校企业资源；积极探索新型科研组织方式，合作共建一批创新中心、创业平台、硬科技孵化器和加速器等科技创新载体；完善激励机制和科技评价机制，落实攻关任务"揭榜挂帅"和"赛马"等机制，充分激发科学城创新发展活力。

3）着力提升科学城国际影响力[②]

一是推动科学城内设施平台面向国内外开放运行，吸引广大科研人员充分利用设施开展科学研究，持续提升开放运行影响力。例如，综合极端条件实验装置首批 5 个实验站已对外开放预约 1.4 万小时，吸引了荷兰埃因霍芬理工大学、北京大学、中国科学院半导体研究所和百度等众多国内外用户申请开展课题研究；

---

① 数据来源：怀柔科学城官网。
② 数据来源：走进怀柔，看"科学+城"孕育未来之光，北京日报，2022。

第一批 5 个交叉研究平台累计对外开放机时超 40 万小时，服务 150 余家科研单位，为 180 余项重大任务提供科研支撑，有效实现了平台开放共享。二是以高水平科技交流活动为契机和纽带，不断扩大国际影响力。目前，北京怀柔科学城已成功举办具备国际影响力的科技交流活动 40 余场，持续深化"一所一品牌"建设，推动北京大学"怀柔论坛"、中国干细胞与再生医学协同创新平台大会等国际高端学术活动永久落户，吸引来自德国、英国、瑞士等国的科学家与国内科学家一道进行深入研讨交流。

4）提供高品质、国际化的城市服务保障

一是完善城市综合配套服务，北京怀柔科学城聚焦科研人群国际化、年轻化的特征，以及科研工作持续专注、活跃交流的需求，规划城市客厅项目，定位为国内外科学家的国际化公共服务中心、怀柔科学城的对外展示样板、科学研究与科技产业的活力中心，围绕科技研发、科技服务、文化与商业配套、高端酒店与公寓、研究型学院五大功能，为周边科研院所和创新主体提供国际化高品质的配套服务。二是完善教育和医疗服务保障，在教育方面，建立了多层次、多元化的教育服务体系；在医疗方面，拥有北京怀柔医院、怀柔区中医医院、怀柔区妇幼保健院、怀柔安佳医院，以及 4 个社区卫生服务中心及下辖 30 个社区村卫生服务站[①]，同时，为满足科学城日益增长的医疗卫生服务需求，启动了北京怀柔医院二期和怀柔区妇幼保健院迁建项目。三是构建以通达、快速、便捷、绿色为特征的一体化综合交通体系，北京怀柔科学城与中心城区开通轨道交通 3 条，包括市郊铁路怀密线、市郊铁路通密线和京沈客运专线。

二、上海张江科学城

1. 发展概况

上海张江科学城位于上海市中心城东南部、浦东新区的中心位置，是浦东新

---

① 数据来源：怀柔科学城官网。

区中部南北创新走廊与上海东西城市发展主轴的交汇节点。上海张江科学城前身是张江高科技园区，1992年，张江高科技园区开园，成为第一批国家级新区，面积17平方千米；1999年，上海启动"聚焦张江"战略，张江高科技园区进入快速发展阶段；2000年，张江高科技园区规划面积调整为25.9平方千米；2011—2012年，上海市政府先后同意将张江高科技园区、康桥工业区、国际医学园区、周浦繁荣工业区纳入张江核心园区范围，园区面积达79.7平方千米；2016年，国家发展和改革委员会、科学技术部批复同意建设张江综合性国家科学中心；2017年，上海市政府正式批复原则同意《张江科学城建设规划》，总面积约95平方千米；2021年，《上海市张江科学城发展"十四五"规划》提出，科学城规划面积将扩至约220平方千米，形成"一心两核、多圈多廊"错落有致、功能复合的空间布局。目前，上海张江科学城正全力打造学术新思想、科学新发现、技术新发明、产业新方向的重要策源地，努力建设成为"科学特征明显、科技要素集聚、环境人文生态、充满创新活力"的世界一流科学城。

2. 发展经验与特色

上海张江科学城以提升创新策源能力为主线，以科技和人文融合发展为特色，以培育高端产业为主攻方向，发展成为全球科学家、科研机构、科技创业者、跨国公司研发总部向往的"创新圣地"。

1）强化创新策源功能

上海张江科学城不断推进大科学设施和高水平创新机构建设，提升"从0到1"的原始创新能力。张江科学城集聚了上海光源、蛋白质上海设施、超强超短激光装置、软X射线自由电子激光装置、活细胞成像线站、硬X射线自由电子激光装置等大科学设施，初步形成我国乃至世界上规模最大、种类最全、功能最强的光子大科学设施集群。张江实验室、上海脑科学与类脑研究中心先后挂牌成立，李政道研究所、张江药物实验室、张江复旦国际创新中心、上海交通大学张江高等研究院、同济大学上海自主智能无人系统科学中心、浙江大学上海高等研究院、国家时间频率计量中心上海实验室等一批高水平创新机构纷纷落地张江。

张江科学城涌现了一批原创性科技成果，诞生了我国第一颗具有自主知识产权的 GSM/GPRS 基带处理芯片、第一款国产药物洗脱支架等首创产品；由中国科学院上海药物研究所研发的治疗阿尔茨海默病原创新药"九期一"正式上市；由上海科技大学牵头的"抗新冠病毒攻关联盟"率先在国际上成功解析新型冠状病毒关键药物靶点和 RNA 聚合酶复合物的高分辨率三维空间结构，为新冠疫苗和药物研发提供了重要基础。

2）深入推进"双自联动"改革试点

上海张江科学城借助自由贸易试验区和国家自主创新示范区政策平台的叠加效应，不断深化体制机制改革，加强政策制度创新，探索了一套符合科技创新和产业变革的制度体系。例如，上海张江科学城持续推进药品和医疗器械上市许可持有制度试点，通过上市许可和生产许可相分离，实现生物医药领域代工模式，加快了本土创新药产业化进程；探索 CMO 代工模式拓展至医疗器械领域，推进医疗器械上市许可持有人制度试点；开展集成电路全产业链保税监管试点，以加工贸易方式进口晶圆，减少企业进口关税的资金占用；推进建设项目验收综合试点，开展张江科学城建设项目综合验收审批改革，贯彻落实"三个一批"改革要求，实行"一家牵头、统一受理、并联验收、限时办结"；设立张江跨境科创监管服务中心，通过资源整合、流程再造，使物品通关时间从 2~3 个工作日缩短为 6~10 小时[①]。

3）构建特色产业集群

上海张江科学城通过加快龙头企业集聚、搭建公共创新平台、打造产业核心承载区等，发展形成了以生物医药、集成电路和人工智能为重点的三大主导产业。

在生物医药产业方面，着力推进张江创新药产业基地、张江医疗器械产业基地等建设，形成新药研发、药物筛选、临床研究、中试放大、注册认证、量产上市完备创新链，集聚了 400 余家生物医药企业、20 余家大型医药生产企业、300

---

① 数据来源：《2019 张江国家自主创新示范区年度发展报告》。

余家研发型科技中小企业、40余家CRO公司、100多家各类研发机构。目前，在全球排名前10位的制药企业中，已有7家在张江科学城设立了区域总部、研发中心[①]。

在集成电路产业方面，加快推进国家集成电路创新中心、上海集成电路研发中心建设，加快集聚龙头企业，在全球芯片设计10强中有6家在张江科学城设立了区域总部、研发中心；在全国芯片设计10强中有3家总部位于张江科学城。

在人工智能产业方面，引进IBM研发总部、英飞凌大中华区总部、微软AI&IOT实验室等跨国企业巨头，集聚云从科技、小蚁科技、汇纳信息等"独角兽"企业，建设同济大学自主智能无人系统科学中心等科研院所，搭建张江人工智能产业研发与转化平台、张江人工智能产业创新与服务平台等AI研发和创新平台，依托"未来公园"打造高水准、专业级的示范应用场景。

4）完善城市功能品质

上海张江科学城着力营造生活便利、生态优美、服务到位、生活舒适的综合发展环境；不断完善地铁、公交、有轨电车等公共交通基础设施，龙东高架路主线竣工并通车，13号线（张江段）已投入使用，建设机场联络线（张江站）。教育、医疗、商业等功能配套日趋完善，上海科技大学附属学校建成招生，上海市质子重离子医院、上海国际医学中心等建成投用，推出传奇广场、长泰广场、汇智中心等商圈；张江"科学之门"地标性城市建筑加快布局，"科学之门"涵盖高能级文化中心、高规格会展中心、高品质商业综合体、高端酒店、服务式公寓及顶级人才公寓的城市CBD，建成后张江的国际化城市综合服务功能将进一步增强。此外，张江科学会堂投入使用，张江科学城书房、未来公园等功能显现，张江戏剧谷启动全年演出，张江科学城活力日益凸显。

5）发挥科技创新人才集聚效应

上海张江科学城持续推进高水平人才高地核心承载区建设，通过落实人才政

[①] 数据来源：张江科学城官网。

策、提升人才服务水平、改善人才安居环境等，集聚了诺贝尔奖获得者、海外院士、中国科学院院士、中国工程院院士、海外高层次人才及产业领军人才等一批高端人才。一是全面落实人才创新政策，持续开展海外人才申请中国永久居留身份证和移民融入服务试点工作，率先试点永久居留推荐直通车制度、外籍人才口岸签证、外国本科及以上学历毕业生直接就业政策。二是打造人才服务平台，在美国硅谷、以色列贝尔谢巴等地设立"张江海外人才工作站"，将"张江首席科学家500计划"、浦东"百人计划"、"张江人才"评选等引才计划直接推送到海外；依托浦东国际人才港、上海国际科创人才服务中心等，为国内外人才提供一体化便捷服务。三是改善人才安居环境，加大公共租赁住房等政策性住房供给力度，建立多层次人才公寓保障体系，打造高品质国际社区人才公寓，开展乡村人才公寓模式试点。

三、合肥滨湖科学城

1. 发展概况

合肥滨湖科学城包括肥东、肥西2个县及包河、蜀山、庐阳3个区的部分区域，覆盖4个国家级开发区（合肥国家高新技术产业开发区、合肥经济技术开发区、合肥出口加工区、合肥蜀山经济技术开发区）和3个省级开发区（肥东经济开发区、肥西经济开发区、包河经济开发区），规划面积491平方千米，是全国主体功能区规划明确的重点开发区域，是长三角地区辐射带动长江中上游和中原地区发展的重要节点，是安徽省"四个一"创新主平台的重要组成部分。作为合肥综合性国家科学中心的重要载体，合肥滨湖科学城包括3个组成部分：在高新区布局建设国家实验室核心区和成果转化区，围绕中国科学院合肥物质科学研究院建设大科学装置集中区，依托中国科学技术大学、合肥工业大学、安徽大学建设教育科研区。目前，合肥滨湖科学城已拥有合肥同步辐射光源、全超导托卡马克核聚变实验装置、稳态强磁场实验装置等大科学装置。

2. 发展经验与特色

合肥滨湖科学城重点聚焦基础前沿和关键核心技术研究，大力推进大科学装置和研发平台建设,持续探索体制机制创新,注重打通从技术到产业的通道,促进尖端科技和新兴产业深度融合,用"合肥模式"破解科技成果转化难题。

1)加快重大创新平台建设

建设重大科技基础设施集群,推进全超导托卡马克核聚变实验装置、稳态强磁场实验装置、合肥同步辐射光源稳定运行,建成未来网络合肥分中心,加快推进聚变堆主机关键系统综合研究设施主体工程、先进光源、量子精密测量等大科学装置建设。加强重点领域实验室建设,加快量子信息科学国家实验室建设,在资金、土地、规划等方面做出系统安排;依托中国科学院合肥物质科学研究院、中国科学技术大学、安徽大学等高校院所,集聚先进核能、煤炭清洁利用、可再生能源领域优势创新资源,积极争创能源国家实验室。布局前沿交叉研究平台和产业创新转化平台,推进合肥微尺度物质科学国家研究中心、类脑智能技术及应用国家工程实验室、天地一体化信息网络合肥中心、合肥离子医学中心、合肥先进计算中心等投入运行,实现一系列重大成果突破。

2)深化科技体制机制创新

构建新型科研攻关机制,以产业需求为导向,成立科技咨询委员会,形成"卡脖子"技术攻坚清单,凝练真正制约产业发展的重大技术难题,建立攻关项目"揭榜挂帅""赛马"运行制度。创新科技合作模式,中国科学技术大学与中国科学院合肥物质科学研究院共建相关学院,共建大科学装置,共享科技资源,协同开展科技攻关,联合培养人才,实现人才互聘;中国科学技术大学合并安徽省立医院成立生命科学与医学部,探索建立理科、工科、生物、医学融合的"科大新医学";安徽大学聘请中国科学院合肥物质科学研究院院长兼任校长,并成立物质科学与信息技术研究院,在组织架构、人才评聘、考核激励等方面进行创新改革,高水平推进省属高校"双一流"建设。加快构建成果转化评价和考核机制,坚持"破四唯"与立新标并举,建立以科技创新质量、贡献、绩效为导向的分类评价体系,实施以增加知识价值为导向的分配政策,健全同基础研究长周期相匹配的科技评价激励、科技人员薪酬等制度,使科研人员能够沉下心来致力于科学探索。加快构建赋权和尽职免责机制，探索建立科技成果转化正面和负面清单，推进职务科技成果所有权赋权改革，推动实现审计、监督、检查结果跨部门互认，主动靠前为科技工作者排忧解难、松绑减负，使政策红利进一步传导，使创新活力进一步释放。

3) 加快科技成果转化和产业化步伐

构建前沿科技研发"沿途下蛋"机制，坚持边研究、边产出、边应用，组建工作专班长期驻点大科学装置和高能级研究院，开展需求对接和难题帮办，靠前发现和挖掘关键核心技术与衍生技术，清单式推进关键核心技术攻关和衍生技术转移转化，促进"科学发现、技术发明、产业发展"一体联动。探索将基础研究成果及时转化为现实生产力，借助综合性国家科学中心建设优势，对产生的重点科技成果进行系统梳理、科学论证、重点支持、集中推介，搭建从科学到技术、从技术到产业的桥梁。建立"前店后坊"成果产业化模式，以安徽创新馆为"前店"、以云谷创新园为"后坊"，构建科技成果就地交易、转化、应用的闭环体系。其中，安徽创新馆承担科技成果展示、推广、对接、交易等功能，通过打造展示推广、转化交易、科技金融、人才培养四大平台，构建"政产学研用金"六位一体的安徽科技大市场，全力促进科技成果加速转化；云谷创新园作为应用场景落地、科技成果转化、项目落地的载体，致力于打造24小时创新创业社区、10分钟生活圈。

4) 加强人才体制机制探索

《关于建设合肥综合性国家科学中心打造创新之都人才工作的意见》（合发〔2017〕17号）发布，明确5年内每年安排不少于20亿元人才发展专项经费，加强引进及培养国内外顶尖人才和国家级领军人才、省市级领军人才、高级人才、科技创新创业人才等多层次创新人才。实行更加积极、全面、开放的人才引进政策，包括出台"人才新政20条"和"高层次人才创新创业12条"等。创新激发人才活力的管理使用机制，改进人才评价方式，推动人才评价去行政化，建立科学的人才分类评价体系；创新编制岗位管理，建立事业单位编制动态调整机制,支持用人单位设立特设岗位和流动岗位柔性引进人才;创新人才引进机制,加大人才激励力度。成立合肥市人才发展集团,探索运用市场化、专业化手段,搭建综合性人才服务平台,提供个性化就业和招聘服务。改进"高层次人才分类认定系统",突出薪酬、职务、行业经验等市场要素,制定重点产业企业高层次人才分类目录,提供多标准的免费租住国有租赁公司住房,建立市、县、用人单位三级高层次人才服务专员队伍,为人才提供"五个一"精准服务。

四、深圳光明科学城

1. 发展概况

深圳光明科学城规划范围北起深圳和东莞边界,东部和南部以光明区辖区为界,西部以龙大高速和东长路为界,规划总面积99平方千米。2018年4月,深圳市委、市政府决定在光明区集中布局大科学装置集群,建设深圳光明科学城;2019年1月,《深圳市政府工作报告》提出建设世界一流的深圳光明科学城;2019年8月,中共中央、国务院《关于支持深圳建设中国特色社会主义先行示范区的意见》发布,明确提出以深圳为主阵地建设综合性国家科学中心,在粤港澳大湾区国际科技创新中心建设中发挥关键作用;2019年4月,深圳市政府常务会议审议通过《光明科学城空间规划纲要》,提出建设一座开放创新、人文宜居、绿色智慧之城。2020年7月,国家发展和改革委员会、科学技术部批复同意深圳光明科学城与东莞松山湖科学城共同建设大湾区综合性国家科学中心先行启动区,深圳光明科学城进入全面发展期,各项科学与人文规划建设项目紧锣密鼓推进、落实、启动。近年来,深圳光明科学城依托世界级大科学装置集群建设,加速汇聚国际一流的创新资源和创新载体,为加快建设粤港澳大湾区国际科技创新中心和中国特色社会主义先行示范区提供了有力支撑。

2. 发展经验与特色

深圳光明科学城以基础研究为起点,锚定世界一流科学城加强国际化视野的顶层谋划,推动形成"基础研究+技术攻关+成果产业化+科技金融+人才支撑"

全过程创新生态链，为实现高水平科技自立自强最大限度贡献深圳力量。

1）加强顶层设计和制度安排

深圳光明科学城初步形成了一套完善的科技创新顶层设计和制度安排，包括"2个规划、1个意见、1个条例"及一批配套政策。2个规划指《深圳光明科学城总体发展规划（2020—2035年）》《光明科学城空间规划纲要》；1个意见指《深圳市人民政府关于支持光明科学城打造世界一流科学城的若干意见》；1个条例指《深圳经济特区光明科学城发展促进条例》，它是国内首部科学城专项法规，立足深圳光明科学城建设发展实际需要，在治理结构和运营机制、国土规划和用地管理、科技创新和成果转化、人才环境和金融支撑等重要领域提出一系列创新制度安排。深圳光明科学城不断完善创新生态，先后在全国率先发布支持合成生物创新链产业链融合发展的若干措施、支持脑科学与类脑智能创新链产业链融合发展的若干措施，促进合成生物、脑科学与类脑智能领域全要素加快集聚。

2）加快重大科技基础设施建设

作为大湾区综合性国家科学中心先行启动区和核心承载区，深圳光明科学城前瞻谋划和系统布局，着力提升科技创新资源的集中度和显示度，24个重大科技创新载体相继落户，包括2所研究型大学、9个重大科技基础设施、2家省级重点实验室、11个科研平台[①]。截至2023年4月，中山大学深圳校区已基本建成并投入使用；深圳理工大学（筹）过渡校区正式启用、永久校区加快建设；综合粒子设施研究院首栋建筑竣工；聚焦信息、生命、新材料三大学科领域布局建设大科学装置平台，合成生物研究、脑解析与脑模拟、材料基因组等设施正开展联调联试；国家超级计算深圳中心二期开工建设，鹏城云脑三期列入国家"十四五"重大科技基础设施项目；人工智能与数字经济广东省实验室（深圳）实现高水平运行，深圳湾实验室、南方科技大学光明高等研究院等一批科研机构加快落地；国际科技信息中心上线科技文献服务，国际前沿六大数据库已实现全深圳市覆盖。

---

① 数据来源：深圳光明区政府官网。

3）建立科技成果高效转化机制

深圳光明科学城积极建立科技成果"沿途下蛋"高效转化机制，被纳入国家发展和改革委员会推广的深圳经济特区经验举措 47 条清单，并在全国各地掀起了学习热潮。依托大湾区综合性国家科学中心先行启动区布局，建设一批重大科技基础设施，设立产业创新中心，构建"楼上创新、楼下创业"综合体模式。"楼上"科研人员利用大科学装置、科学设施等开展原始创新活动，"楼下"创业人员对原始创新进行工程技术开发和中试转化，通过强化科学家和企业家之间的技术交流，使科研人员兼具市场思维，使企业家兼具科研思维，进而推动科研成果沿途转化。此外，深圳市光明区与中山大学附属第七医院共建中英精准医疗中试项目，与普瑞赛思联合打造锂离子电池关键材料中试项目，将"企业中试平台"板块打造成深圳市光明区科技成果转移转化体系的重要一环。

4）打造创新人才集聚地

深圳光明科学城靶向引进高精尖缺人才，聚焦科研、产业需求，构建灵活开放、便捷高效的引才机制，"一事一议"引进一批战略科学家；实施青年科技人才培育专项行动；探索实施"揭榜挂帅"机制，招募一批科技领军人才和创新团队；服务科研经济发展，引进和培育一批科技型企业家、卓越工程师和科技服务人才。推出光明人才无忧政策，实施"住房无忧"行动、"教育无忧"行动、"生活无忧"行动，为各类人才提供住房、医疗、子女入学、融资对接等服务，解决其后顾之忧。打造高品质科学家园，规划建设"科学家谷"，依山就势打造集开放交流、创意研修、科普文艺于一体的新型国际人才服务中心；匠心打造"创新街区"，集中布局创新孵化、创意社交、休闲聚会、公共艺术等综合空间，形成"创想、创新、创业"的知识经济共同体；精心建设"人才社区"，采用改造城中村、提升保障房等方式，以"绣花功夫"打造多个人才汇聚、生态优美的高品质生活区。

五、经验和启示

1. 加强系统规划，以国家站位和国际化视野谋划科学城建设

国内科学城均制定了各类规划和相关建设方案，以建设综合性国家科学中心为统领，系统谋划科学城建设发展。北京怀柔科学城聚焦建成与国家战略需求相匹配的世界级原始创新承载区，制定了北京怀柔科学城总体规划、北京怀柔科学城科学规划、国家重大科技基础设施布局规划、总体城市设计方案、控制性详规等，空间上按照"一核四区"（大设施和交叉研究平台核心区、科学教育区、科研转化区、综合服务区、生态保障区）进行布局。上海张江科学城提出建设国际一流科学城，制定了张江科学城系列规划，空间上按照"两核一心"（张江科学城南北"一主一副"科技创新核、张江城市副中心）进行布局。合肥滨湖科学城制定了"2+8+N+3"规划体系（2家国家实验室、8个大科学装置、N个交叉研究和产业转化平台、3所高校），并按"一核三区"（国家实验室核心区、大科学装置集中区、科研教育区、成果转化区）进行布局。深圳光明科学城聚焦打造世界一流科学城，出台《深圳光明科学城总体发展规划（2020—2035年）》《光明科学城空间规划纲要》，在空间上按照"一心"（光明中心区，以光明中心区为依托，建设科学城的生活服务中心）、"两区"（装置集聚区和产业转化区）进行布局。

2. 聚焦科研设施建设，加快优势产业布局和发展

国内科学城积极谋划重大科技基础设施集群，重点加强各类研发平台建设，并围绕大科学装置布局优势产业。北京怀柔科学城超前布局正负电子对撞机、高能同步辐射光源等大科学装置，建设一批交叉研发平台，集聚众多高水平科研机构和高等院校，并布局了新一代信息技术、集成电路、医药健康、高端装备制造等十大高精尖产业。上海张江科学城依托上海光源、国家蛋白质设施等大科学装置，建立产业创新中心和重大创新研发平台，推动创新成果不断涌现，发展形成了以集成电路、生物医药、人工智能为重点的三大主导产业。合肥滨湖科学城重大科技基础设施规划数量居全国前列，建立产业创新"四中心"，围绕人工智能产业，集聚了科大讯飞、华米科技、中电国康、声讯技术等一批智能语音和人工

智能龙头企业。深圳光明科学城推动集中布局 24 个重大科技创新载体，重点推动信息科学、材料科学等领域产业关键核心技术攻关。

3. 积极探索体制机制创新，着力营造创新创业生态环境

国内科学城建设重视创新环境的营造，在政策、资金、土地、人才、服务等方面积极探索经验，构建服务链和政策链。北京怀柔科学城充分用好市院合作、校地共建、央地协同等机制，充分挖掘科研院所、设施平台、高校企业资源。上海张江科学城不断深化体制机制改革，加强政策制度创新，探索了一套符合科技创新和产业变革的制度体系，包括率先试点药品上市许可持有人制度、研发用特殊物品进口"白名单"制度、外籍人才口岸签证制度等，带来了令人瞩目的"张江速度"。合肥滨湖科学城积极探索地方政府参与国家基础创新平台建设、参与基础研究的有效模式，有效激发社会主体创新活力；同时，深入探索"前店后坊"成果产业化模式，构建了科技成果就地交易、转化、应用的闭环体系。深圳光明科学城着力完善发展机制，积极推动重大科技成果"沿途下蛋"高效转化机制，探索性打造基础研究与产业化应用在空间上有机融合的一体化平台，推出"楼上创新、楼下创业"的综合体模式，建立"科研—转化—产业"的全链条企业培育模式，推动科技成果高质量转移转化。

4. 加强人才政策探索实践，打造创新人才集聚高地

国内科学城积极发挥人才是第一资源作用，着力构建"引、育、用、留"全链条人才发展体系，不断完善人才战略布局，积极打造人才发展生态，推动建设世界重要人才中心和创新高地。北京怀柔科学城充分发挥首都区域、大院大所集中、重大科研平台集聚的优势，制定"怀柔四条"激励政策，实施高层次人才聚集行动计划，大力引进具有世界水平的领衔科学家及创新团队，为科学城发展蓄势赋能。上海张江科学城设立海外人才工作站，多措并举集聚全球高层次人才，建立多层次人才公寓保障体系，着力优化国际人才服务。合肥滨湖科学城积极推进人才政策创新，实施"人才新政 20 条"等人才引进政策，成立合肥市人才发展集团，推动求贤常态化发展，并为人才提供"五个一"精准服务，营造拴心留人环境。深圳光明科学城探索实施"一事一议"制度、"揭榜挂帅"机制，引进高精尖稀缺人才，推出光明人才无忧政策，给予人才各类生活保障。

5. 着力提升城市功能品质，打造宜研宜业宜居的科学城

科学城除了要有"科学"，还要有"城"，国内科学城建设坚持以人为本，围绕人才需求布局相关配套设施，不断提高城市的功能和品质。北京怀柔科学城规划以高品质工作生活为中心，构建国际一流的科研生活环境及创新创业平台，推动实现园区、校区、社区的服务开放共享；同时，全方位推进城市配套建设，构建 15 分钟工作生活圈，推动北京怀柔科学城从一个产业功能区加速迈向成为一座创新之城。上海张江科学城着力完善教育、医疗、商业等功能配套，加快建设交通基础设施，规划打造地标性城市建筑"双子塔"，推动张江科学会堂建成使用，推动张江戏剧谷启动全年演出，让上海张江科学城更具城市活力。深圳光明科学城围绕"科学"与"城市"，不仅打造世界一流的科学城，而且精雕细琢"科学家的家"，高标准建设"科学家谷""创新街区""人才社区"等，打造宜居宜业的"梦家园"。

第四章

松山湖科学城创新发展现状

松山湖科学城以松山湖高新区 10 余年发展为基础，充分发挥重大科技基础设施的集聚扩散效应，加快高端创新要素集聚，进一步推动科技、产业、城市向更高水平发展。科学特征初步展现、创新氛围日益浓厚、高新技术产业加快发展、综合实力和服务能力不断增强，具备较好创新发展基础。但与国内发展实力强劲、科技基础雄厚的科学城、一流高科技园区等相比，松山湖科学城仍存在基础研究处于起步阶段、产业竞争力有待加强、企业发展质量有待提升、高层次创新人才有待集聚、城市公共服务配套有待提升等问题。

第一节 基础与优势

松山湖科学城是以松山湖高新区部分区域为主体，整合大朗镇、大岭山镇和黄江镇周边三镇相关地段构建的创新区域。从松山湖发展历程来看，2001年松山湖科技产业园区启动建设，2010年其升格为国家高新技术产业开发区，2017年东莞市委、市政府决定依托大科学装置及松山湖高新区规划建设松山湖科学城。可以说，松山湖科学城是以松山湖高新区10余年的发展为基础而起步建设的[①]。

一、科学特征初步展现

1. 重大科技基础设施建设形成先发优势

随着中国散裂中子源一期建成运行并向全球用户开放，南方光源研究测试平台投入使用，中国散裂中子源二期、先进阿秒激光装置纳入国家重大科技基础设施"十四五"规划，松山湖科学城初具重大科技基础设施集群趋势，对研究平台、创新人才、高等院校、创新成果等高端创新资源的集聚效应也逐步凸显。重大科技基础设施在提升原始创新能力、集聚高端创新资源等方面具有无可比拟的先发优势，目前，中国散裂中子源已吸引了国内外多所高校和科研机构前来实验，在能源、高分子、生物材料等研究领域取得了重要成果。首批广东省实验室之一——松山湖材料实验室、首批粤港澳联合实验室之一——粤港澳中子散射科学技术联合实验室等平台建设成效明显，吸引了大批科研人才和科研团队进驻。

2. 创新要素初步集聚

松山湖科学城的大学、科研机构、科研人才、高端企业正在加速集聚，为培育发展科技创新优势提供有力支撑。高水平大学建设雏形初现，香港城市大学

---

① 松山湖科学城暂无独立的数据统计资料，本节关于松山湖的相关数据主要基于东莞松山湖高新技术产业开发区的统计数据。

（东莞）、大湾区大学（松山湖校区）等高水平研究型大学建设加快推进，东莞理工学院加快建设新型高水平理工科大学示范校，广东医科大学加速推进新医科建设与医学教育创新发展。新型研发机构建设取得实效，依托现有的 32 家新型研发机构，组建了 19 家国家重点实验室、工程中心的分支机构，建设了松山湖华科产业孵化园等国家级孵化器和松山湖国际机器人产业基地等创新创业载体，累计引进孵化企业千余家，带动产业链上下游的科技水平不断提升。高端创新人才团队加速集聚，松山湖科学城汇聚各类国家级专家人才 84 名、双聘院士 19 名，常年超过 50 名院士专家和 400 多名国内外知名科学家在科学城开展科学研究，拥有省市级创新创业领军人才 106 名、东莞市特色人才 299 名、广东省"珠江人才计划"创新创业团队 27 个、东莞市创新科研团队 28 个；进驻华为终端总部、中国国际海运集装箱（集团）股份有限公司等具有国际化创新背景的大型骨干企业。

3．原创性科技成果持续涌现[①]

中国散裂中子源经过 10 多年的建设运行，已取得一批重要成果，在建设过程中攻克了一系列关键核心技术难题，设备国产化率超过 90%；对外开放运行后，在航空航天、量子、能源、合金、高分子、信息材料等领域催生了一批源头创新硕果；中国散裂中子源科学中心积极推进关键技术成果转化，成功研制了我国首台具有自主知识产权的加速器硼中子俘获治疗实验装置（BNCT）。松山湖材料实验室研究成果"基于材料基因工程研制出高温块体金属玻璃""实现尺寸最大、晶面指数最全单晶铜箔库的可控制备"分别入选 2019 年度中国科学十大进展、2020 年度中国重大技术进展。2021 年，松山湖 4 个重大科技项目获广东省科学技术奖。其中，"中国散裂中子源国家重大科技基础设施项目"获广东省科技进步奖特等奖；广东华中科技大学工业技术研究院"自主无人艇机集群跨域协同关键技术及应用项目"获广东省技术发明奖一等奖；东莞理工学院、菲鹏生物股份有限公司分别参与的两个项目均获广东省科技进步奖二等奖。

[①] 数据来源：松山湖高新区官网。

二、创新氛围日益浓厚

1. 创新创业生态持续完善[①]

创新投入持续提升,从 2020 年起,松山湖连续 3 年全社会 R&D 经费投入强度达 10%以上,其中,2022 年达 12.3%,财政科技支出占财政总支出比重为 20%。孵化载体建设成效显著,截至 2020 年底,松山湖拥有国家级孵化器 14 家、省级孵化器 19 家、市级孵化器 35 家;拥有国家备案众创空间 12 家、广东省众创空间试点单位 17 家、东莞市四众(众创、众包、众扶、众筹)平台众创空间 9 家。松山湖还积极打造松山湖港澳青年创新创业基地、松山湖海峡两岸青年创业基地、松山湖国际创新创业社区等创新创业平台,不断吸引集聚海内外创新团队。此外,松山湖不断提升科技金融服务水平,深入实施基金集聚发展计划、科技企业融资支持计划、上市企业培育计划等一系列融资扶持计划,组建基金总规模达 10 亿元的松山湖天使投资基金,着力破解科技型中小企业融资难、融资贵的问题。

2. 创新政策体系初步构建

自大湾区综合性国家科学中心先行启动区(松山湖科学城)全面启动建设以来,2021 年,松山湖集中出台了《东莞松山湖促进源头创新实施办法》《东莞松山湖支持技术研发实施办法》《东莞松山湖促进科技成果转移转化实施办法》《东莞松山湖科技企业培育实施办法》《东莞松山湖营造创新环境实施办法》《东莞松山湖支持企业融资发展实施办法》《东莞松山湖鼓励企业上市挂牌实施办法》7 项重磅政策,涉及源头创新、技术创新、成果转化、企业培育、创新环境、企业融资、企业上市等方面,有力搭建起覆盖科技创新全链条、集聚科技创新全要素的科技计划体系。

---

① 数据来源:松山湖高新区官网、《松山湖高新区年鉴》。

> **专栏 1**
>
> ### 松山湖科技计划体系
>
> 在促进源头创新方面，每年安排1500万元，依托"粤莞联合基金"，省市区三级联动支持基础研究与应用基础研究；每年安排500万元设立开放课题，依托中国散裂中子源等大科学装置开展多学科交叉研究与应用、大科学装置相关技术研发与实验方法开发；对国际重大科技项目、基础研究与应用基础研究项目等给予配套和奖励；支持企业独立、联合或委托国内外高校与科研机构开展基础研究与应用基础研究；奖励国际高水平源头创新成果。
>
> 在支持技术研发方面，实施普惠性企业研发投入补助，单家企业每年最高补助100万元；支持设立国家级或省级技术创新中心、企业研发机构等；支持港澳地区的国家实验室、国家重点实验室、国家工程技术研究中心在松山湖注册设立分支机构；对各类研发机构实行具体建设资助。
>
> 在促进科技成果转移转化方面，支持优秀科技成果落地转化，最高资助500万元；支持围绕松山湖主导产业建设共性技术平台和中试验证基地，最高资助5000万元；支持开放前沿技术应用场景，最高资助200万元；支持引育技术转移服务机构，支持开展技术转移人才培养和实践。鼓励高校、科研机构、企业等创新主体及科技人员转移转化科技成果，推进经济提质增效升级。
>
> 在科技企业培育方面，对高企、瞪羚企业、百强企业、"双三"和"双五"企业等各类创新型企业累计最高奖励300万元；对科技企业孵化器给予认定奖励与运营评优奖励；对科研载体培育高企、科技服务机构辅导高企等分别给予奖励；实施科技型企业家培育计划。

在营造创新环境方面，支持境内外单位在松山湖举办各类高水平科技交流活动、创新创业活动；鼓励松山湖高校、科研机构派人员参加境外高水平国际学术会议；支持国家级、省级、市级科技教育基地建设，按等次分别给予奖励；对获得国家或广东省科学技术奖的单位和个人给予奖励，最高奖励500万元。

在支持企业融资发展方面，推出融资担保贷款补贴、信用贷款贴息、专利权质押贷款补贴、科技保险补贴等政策"组合拳"。松山湖最高利息补贴100万元，东莞市及松山湖合计最高利息补贴200万元，充分发挥财政资金的激励作用，鼓励和引导各类金融资本为企业提质增效赋能，解决企业发展中的融资难和融资贵问题。

在鼓励企业上市挂牌方面，对通过东莞市上市后备企业认定、在广东股权交易中心科技创新专板首次挂牌、在全国中小企业股份转让系统首次公开发行股票融资并于精选层挂牌、在境内上市融资等企业进行奖励；支持引进境内上市企业或上市潜力企业。

3. 高水平科技活动持续开展

松山湖科学城依托大科学装置、高校、龙头企业等高端创新资源，加强科技创新合作交流。从2018年起连续4年举办粤港澳院士峰会，截至2023年华为开发者大会已连续举办5届。近年来，松山湖科学城成功举办了院士峰会、松山湖科学会议、华为开发者大会、复合材料科技峰会、首届中国·松山湖新材料高峰论坛、首届松山湖数学论坛、第三届中国青年科技工作者日系列活动、第二届粤港澳复材结构学术研讨会、生物医药与大健康松山湖峰会等具有广泛影响力的品牌学术交流和科技交流活动。松山湖科学城推动国投松山湖新材料创业投资基金、华为运动健康科学实验室等合作项目签约，一批创新成果项目发布和对接。

三、高新技术产业加快发展

1. 现代产业体系初步构建

新一代信息技术产业作为松山湖支柱产业，集聚了华为终端、华贝电子等头部企业，在通信设备、智能终端等领域达到国际先进水平，并入选国家先进制造业集群。松山湖先进制造业新动能持续释放活力，2022年，新一代信息技术、智能制造、生物医药三大战略性新兴产业稳步起势，实现规模以上工业总产值近130亿元，新增引进项目54个，协议引资约140亿元[①]。数字经济产业初显规模，积极赋能制造业转型升级，华为全国首个开发者村落地松山湖，建成东莞市工业数字大厦及其数字化转型推广中心，62家数字化转型服务企业签约入驻；持续推进产业云项目，新增113家企业上云用云，新建和改造完成596个5G基站，基本实现5G网络连续覆盖及商用。现代服务业增势较好，实现规模以上服务业营业收入417.03亿元，同比增长80.4%，其中，软件和信息技术服务业、互联网和相关服务业、科学研究和技术服务业3个行业营业收入实现较快增长，分别同比增长474.4%、26.4%和12.4%。

2. 产业生态持续完善

新一代信息技术产业形成了以信息通信技术产业为核心，从设备生产、硬件制造、系统集成、软件开发到应用服务的全链条产业链。机器人与智能装备制造产业形成了以机器人系统集成商、核心零部件企业和智能装备企业为主体的机器人产业集群，智能制造产业基地覆盖高端装备制造、机器人本体制造及研发设计等领域。生物产业形成了创新药及高端仿制药、医疗器械、体外诊断、干细胞与再生医学等多个产业链的聚集和共同发展态势，生物产业基地形成生物制药、医疗器械、体外诊断等多条产业链。企业研发能力不断增强，重点实验室、工程技术研究中心等企业研发机构数量不断增加，市级以上重点实验室和工程技术研究

---

① 数据来源：松山湖高新区官网。

中心数量从 2020 年的 189 家增加到 2021 年的 217 家，2021 年规模以上工业企业研发机构覆盖率达到 56.93%[1]；新建松山湖现代生物医药产业技术研究院，高标准筹建新材料产业技术研究院。

3. 创新型企业形成集聚[2]

创新主体高度活跃，高新技术企业数量增长迅速，从 2020 年的 366 家增加到 2022 年的 635 家；引进培育了一批在细分领域具备领先优势和高成长性的创新型企业，其中，国家级专精特新"小巨人"企业 11 家，广东省专精特新中小企业 138 家，创新型中小企业 217 家，已有 55 家优质企业纳入东莞市"倍增"计划；新增 2 家上市企业，累计上市企业 7 家，上市后备企业 48 家，两项指标均列东莞市第一。工业企业发展势头较好，2022 年松山湖 41 家工业企业实现"小升规"，规模以上工业企业数量达到 231 家，超过一半的规模以上工业企业产值在亿元以上。企业发展规模形成金字塔式发展态势，产值千亿元企业有 1 家，产值百亿元企业有 3 家，产值 50 亿元企业有 5 家，产值 10 亿元企业有 14 家。

四、综合实力和服务能力不断增强

1. 经济发展发挥重要引擎作用[3]

松山湖经济发展总体向好，根据东莞全市生产总值统一核算结果，松山湖 2022 年实现 GDP 771.18 亿元，总量居东莞市第二；GDP 同比增长 5%，增速居东莞市第一。工业经济持续发挥稳经济"压舱石"作用，实现规模以上工业增加值 646.04 亿元，总量居东莞市第一，同比增长 5.7%；增速居东莞市第三。固定投资多项数据领跑东莞市，2022 年，松山湖投资总量实现平稳增长，固定资产

---

[1] 数据来源：松山湖高新区官网。
[2] 数据来源：松山湖高新区官网。
[3] 数据来源：松山湖高新区官网。

投资总额270.28亿元，同比增长3.2%；实现工业投资总额154.56亿元，同比增长20%；实现工业技改投资总额102.96亿元，同比增长11.3%；固定资产投资、工业投资和工业技改投资总额均保持东莞市第一。松山湖有序开展重大项目引进和建设，推动固定资产投资结构优化，2022年新引进11个购地项目，协议引资额达205.36亿元，成功引进天域半导体、德镁精密等重大项目；光大第三代半导体等28个项目开工，海丽、蓝思二期等18个项目竣工。

2. 科技服务支撑能力不断增强[①]

松山湖初步形成了以"研发服务—技术转移服务—创业孵化服务"为核心，以科技金融、知识产权、检验检测及科技咨询服务为支撑的产业链条。上游形成了以高校、省级实验室、大科学装置、新型研发机构、研发服务企业为主体的研发服务体系，布局建设了研究院所56家、新型研发机构30家、规模以上研发服务企业27家。中游以高校和新型研发机构为技术转移服务领域的中坚力量，认定技术转移示范机构25家，积极促进技术转移和成果转化。下游形成了"众创空间—孵化器—加速器—产业园区"全链条产业孵化体系，建设园区孵化器48家、众创空间18家、科技企业加速器6家和大学科技园1家。检验检测等支撑性科技服务实现快速发展，现有省级以上资质产品检验检测机构33家，其中，具有国家级相关资质的32家，规模以上企业15家。松山湖科技服务业的发展在引领东莞转型升级和经济高质量发展、建设大湾区综合性国家科学中心主要承载区及粤港澳大湾区国际科技创新中心等方面起到了重要的推动作用。

第二节 问题与不足

松山湖科学城创新发展基础较好，重大科技基础设施集群建设初见成效，重点实验室、新型研发机构等创新平台形成布局，科研团队与高端人才资源不断集

[①] 数据来源：松山湖高新区火炬统计报表。

聚；科技创新投入持续增长，创新成果不断涌现；创业孵化链条逐步完善，政策体系初步构建，创新环境和城市功能不断优化。但是，对标北京怀柔科学城、上海张江科学城、合肥滨湖科学城，且与发展实力强劲、科技基础雄厚的北京中关村、上海张江高科技园区（以下简称"上海张江"）、深圳高新区、苏州工业园等一流高科技园区相比，松山湖在科技创新、产业发展、企业培育、创新型人才、城市配套服务等方面还存在差距和不足[①]。

一、基础研究处于起步阶段

1. 重大科技基础设施建设尚处于初步发展阶段

2016年以来，我国先后批复上海、安徽、北京建设综合性国家科学中心，三地均以科学城作为综合性国家科学中心建设的核心载体。北京怀柔科学城、上海张江科学城分别处于中关村园区、上海张江等园区范围内，成为高新区的重要科学支撑，重大科技基础设施、顶尖科技人才在科学城形成集聚，为国家高新区基础研究能力提升和产业高质量发展等提供了重要动力。如表4-1所示，近年来，北京怀柔科学城、上海张江科学城、合肥滨湖科学城三大科学城前瞻布局，紧紧围绕重大科技基础设施集群建设，目前拥有重大科技基础设施均达6个以上。松山湖已建成世界第四台散裂中子源，成为为数不多的拥有大科学装置的高新区，并通过建设松山湖科学城支撑高新区发展。中国散裂中子源已吸引国内外多所高校和科研机构前来实验，在能源、高分子、生物材料等研究领域取得重要成果。但目前松山湖科学城尚处于初步建设阶段，其他科学设施还在陆续谋划和布局，对高新区源头创新、技术创新、成果转化等方面的辐射带动作用尚未凸显，基础研究能力有待持续提升。

[①] 松山湖科学城暂无独立的数据统计资料，本节关于松山湖的相关数据主要基于东莞松山湖高新技术产业开发区的统计数据。

表 4-1　国内主要科学城重大科技基础设施布局情况

科 学 城	重 点 领 域	重大科技基础设施
北京怀柔科学城（6个）	物质、空间、地球系统、生命、智能五大科学方向	高能同步辐射光源、综合极端条件实验装置、地球系统数值模拟装置、空间环境地基综合监测网、多模态尺度生物医学成像设施、自由电子激光
上海张江科学城（12个）	生命、材料、环境、能源、物质等基础科学领域	上海光源、国家蛋白质设施、超强超短激光装置、活细胞成像线站、软 X 射线自由电子激光装置、硬 X 射线自由电子激光装置、活细胞结构与功能成像、海底长期观测网、高效低碳燃气轮机试验装置、纳米自旋与磁学线站、动力学研究线站、质子治疗装置的加速器系统等
合肥滨湖科学城（7个）	信息、能源、健康、环境等交叉前沿领域	同步辐射实验装置、全超导托卡马克核聚变装置（EAST）、稳态强磁场大科学装置、聚变工程实验堆（CFETR）、合肥先进光源（HALS）、大气环境综合探测与实验模拟设施、超导质子医学加速器
松山湖科学城（4个）	能源、高分子生物材料等研究领域	中国散裂中子源、中国散裂中子源（二期）、南方先进光源研究测试平台、先进阿秒激光装置

资料来源：根据公开资料整理。

2. 缺少高水平大学和高层次科研平台

松山湖高水平大学、国家级研究平台等较为缺乏，数量和水平均有待提升。松山湖拥有包括东莞理工学院、广东医科大学（东莞校区）、东莞职业技术学院、广东科技学院 4 所高等院校，香港城市大学（东莞）、大湾区大学（松山湖校区）正处于初步发展阶段；国家级工程技术研发中心、国家级重点实验室各有 1 家。如表 4-2 所示，北京怀柔科学城依托中国科学院重点院所、高校等布局建设了 11 个科教基础设施、13 个交叉研究平台，中国科学院相关资源高度集聚。北京中关村的大学和科研机构高度密集，集聚了包括清华大学、北京大学、北京航空航天大学、北京科技大学、北京理工大学等一批高水平院校；拥有一大批国家级科研平台，涵盖电子信息、生物医药、先进制造、新材料、新能源、节能环保、大数据、人工智能等多个领域。在重点实验室方面，北京拥有 65 家国家工程实验室、172 家国家重点实验室、243 家开放实验室；在工程中心方面，北京拥有 42 家国家工程研究中心、60 家国家工程技术研究中心[1]，有力推动了产学

---

[1] 数据来源：《中关村年鉴 2021》。

研结合及研究成果产业化。

表4-2 北京怀柔科学城重点科研平台

类型	建设内容	项目单位
科教基础设施	大科学装置用高功率高可靠调管研制平台	中国科学院空天信息创新研究院
	物质转化过程虚拟研究开发平台	中国科学院过程工程研究所
	分子材料与器件研究测试平台	中国科学院化学研究所
	脑认知功能图谱与类脑智能交叉研究平台	中国科学院自动化研究所
	怀柔综合性国家科学中心支撑保障条件平台	中国科学院科技创新发展中心
	太空实验室地面实验基地	中国科学院空间应用工程与技术中心
	空间天文与应用研发实验平台	中国科学院国家天文台
	深部资源探测技术装备研发平台	中国科学院地质与地球物理研究所
	环境污染物识别与控制协同创新平台	中国科学院生态环境研究中心
	京津冀大气环境与物理化学前沿交叉研究平台	中国科学院大气物理研究所
	泛第三级环境综合探测平台	中国科学院青藏高原研究所
交叉研究平台	材料基因组研究平台	中国科学院物理研究所、北京怀柔科学城建设发展公司
	清洁能源材料测试诊断与研发平台	中国科学院物理研究所、北京怀柔科学城建设发展公司
	先进光源技术研发与测试平台	中国科学院高能物理研究所、北京怀柔科学城建设发展公司
	先进载运和测量技术综合实验平台	中国科学院力学研究所
	空间科学卫星系列及有效载荷研制测试保障平台	中国科学院国家空间科学中心
	国际子午圈大科学计划总部	中国科学院国家空间科学中心
	高能同步辐射光源配套综合实验楼和用户服务楼	中国科学院高能物理研究所
	介科学与过程仿真交叉研究平台	中国科学院过程工程研究所、北京怀柔科学城建设发展公司
	脑认知机理与脑机融合交叉研究平台	中国科学院生物物理研究所、北京怀柔科学城建设发展公司
	北京分子科学交叉研究平台	中国科学院化学研究所、北京怀柔科学城建设发展公司
	轻元素量子材料交叉平台	北京大学、北京怀柔科学城建设发展公司
	北京激光加速创新中心	北京大学、北京怀柔科学城建设发展公司
	空地一体环境感知与智能响应研究平台	清华大学、北京怀柔科学城建设发展公司

资料来源：根据公开资料整理。

综上，松山湖源头创新能力还不足，重大科技基础设施建设尚处于初步发展阶段，高水平的科研平台体系尚未构建，香港城市大学（东莞）、大湾区大学（松山湖校区）正处于建设初期。在面对产业转型升级和新一轮高质量发展要求的情况下，松山湖创新后劲尤显不足，亟须向前延伸创新链，通过加强源头创新，为高质量发展提供充足原动力。因此，松山湖需要进一步深化与中国科学院等战略科技力量的合作，吸引高端科技创新资源集聚，积极推动重点实验室、高水平大学等建设，加强基础学科布局，推动开展基础研究和应用基础研究，集聚科技创新成果，有效破解源头创新能力不足的困境，为松山湖乃至东莞科技创新和产业发展提供原动力。

二、产业竞争力有待加强

1. 产业结构有待进一步优化[①]

一直以来，以信息技术产业为主的工业经济都是松山湖经济社会发展的"主力军"。2021年，松山湖拥有规模以上新一代信息技术企业85家，占规模以上企业总数的40.7%，新一代信息技术产业已成为千亿元规模的支柱产业。相比来看，松山湖拥有规模以上生物工业企业20家、新材料工业企业14家，实现工业总产值占比偏低。在松山湖新一代信息技术产业持续做大做强的情况下，生物技术、智能装备制造、新材料等产业发展步伐有待加快。可以看到，虽然松山湖新一代信息技术产业贡献突出，但松山湖产业结构过于单一，抵御外部风险能力整体较弱，结构稳固性存在明显不足。

2. 产业发展质量有待提升

从高新区排名看，虽然松山湖在2021年全国高新区评价综合排名中居第25位，但是结构优化和产业价值链维度仅居第56位。这反映出松山湖在产业价值

---

① 数据来源：松山湖高新区官网。

创造能力方面相对薄弱，产业高质量发展水平有待进一步提升。另外，高技术服务业、生产性服务业作为为研发、生产过程提供服务的现代服务产业，能实现产品价值链的延伸和发展，是发展先进制造业的关键环节。虽然松山湖的先进制造业已占相当比重，但高技术服务业弱势较明显，难以匹配和支撑现有制造业的升级转型。高技术服务业等现代服务业对制造业的支撑严重不足，导致松山湖制造业的发展陷入"大而不强"的困局。

综上所述，松山湖产业层次和结构有待进一步优化。从产业体系来看，在松山湖新一代信息技术产业持续做大做强的情况下，生物技术、智能装备制造、新材料、现代服务业等产业发展步伐有待加快。从产业结构来看，新一代信息技术产业一家独大，尚未形成梯次发展的产业格局，加快培育其他主导产业迫在眉睫。从产业发展质量来看，松山湖产业价值创造能力相对薄弱，服务业对制造业的支撑不足，如何激发服务业引领制造业向价值链高端提升，值得进一步关注。因此，有必要抓住松山湖科学城全面建设的契机，大幅增强松山湖的创新驱动发展能力，支撑产业创新和高质量发展。

三、企业发展质量有待提升

1. 创新型企业培育不足

松山湖高新技术企业数量总体偏少，占比偏低。从高新技术企业的总体数量看，如图4-1所示，2020年松山湖高新技术企业数量为360家，与其他几个先进园区相比均有明显差距。从高新技术企业数量占入统企业数比重来看，2020年松山湖高新技术企业占入统企业数比重为39.65%，在几个园区中也处于落后水平，其中，上海张江约有7成、深圳高新区有将近8成入统企业为高新技术企业。同时，松山湖的上市企业、瞪羚企业、独角兽企业、专精特新企业等高成长企业的数量也相对较少。此外，松山湖营业收入超亿元的企业有160家，营业收入为2000万~1亿元的企业数量与此相当，作为大型企业成长的摇篮，中等规模企业数量偏少，园区企业规模尚未形成梯形结构，不利于企业的提档升级。不仅如此，松山湖的企业培育奖励政策缺乏竞争力，认定条件缺乏差异化和弹性化。

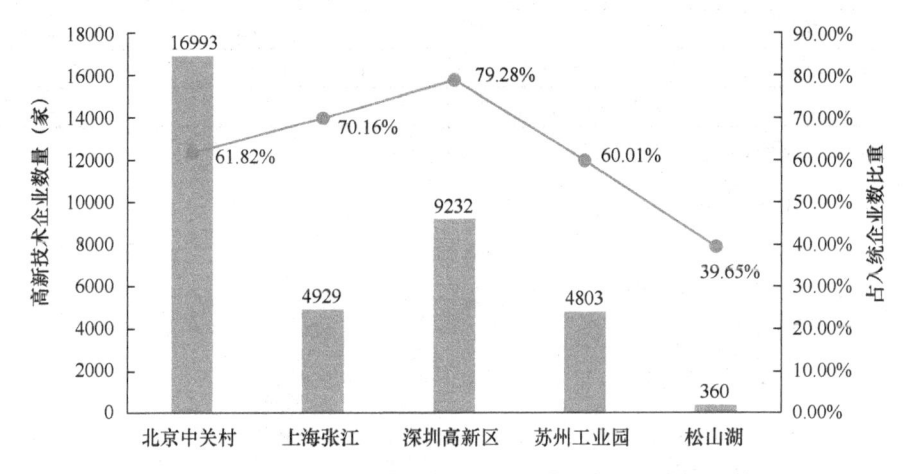

图 4-1 2020 年高新区高新技术企业数量及占入统企业数比重

数据来源：《中国火炬统计年鉴 2021》。

2．企业技术创新优势欠缺

企业收入结构突出体现了企业价值创造的依赖路径。目前，松山湖企业营业收入主要以产品销售收入为主，与其他先进园区相比，收入结构更依赖产品销售收入，技术收入比例偏低。如表 4-3 所示，在 2020 年松山湖企业营业收入中，91.59%为产品销售收入，占据企业营业收入的绝大部分；技术收入占比偏低，仅为 0.91%。而上海张江、深圳高新区、北京中关村等园区的技术收入占比分别达到 23.21%、23.11%、22.18%，技术收入占比较高；与苏州工业园等工业总产值相当的园区相比，松山湖也存在明显差距。因此，松山湖企业技术收入对企业营业收入的支撑较弱，说明松山湖技术创新市场优势不明显。此外，如图 4-2 所示，从企业利润率来看，2020 年松山湖企业利润率与几大高新区相比处于较低水平，并且存在明显差距，这反映出松山湖企业盈利能力和发展绩效相对不足。

表 4-3 2020 年高新区企业营业收入构成情况

	技术收入占比	产品销售收入占比	商品销售收入占比	其他收入占比
上海张江	23.21%	63.28%	6.90%	6.61%
深圳高新区	23.11%	69.08%	3.65%	4.16%
北京中关村	22.18%	27.37%	30.10%	20.35%
苏州工业园	10.19%	82.56%	3.29%	3.95%
松山湖	0.91%	91.59%	1.19%	6.31%

数据来源：《中国火炬统计年鉴 2021》。

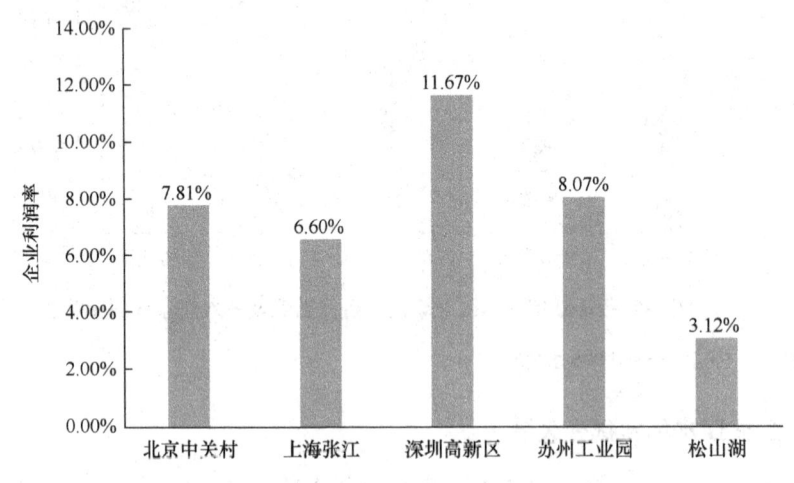

图 4-2 2020 年高新区企业利润率对比

数据来源：《中国火炬统计年鉴 2021》。

综上所述，松山湖企业的综合实力和竞争力有待提升，在数量、结构和发展质量上与国内典型高新区相比均存在差距，科技对企业竞争力的支撑作用尚未充分体现。在企业数量方面，松山湖企业存量不多、增量不足。在企业结构方面，产业发展最健康的状态应该是企业"星月同辉"，但松山湖企业"月亮"偏少、"星星"也不够闪耀，领军型企业较少，直接影响了产业链的集聚效应和辐射能力，瞪羚、独角兽、专精特新等高成长企业培育不足，将影响未来区域产业的发展。此外，松山湖企业的收入结构仍以产品销售收入为主，且企业利润率不高，说明科技对企业的经营发展和经济效益的作用还未充分体现。因此，松山湖需要进一步打造有利于科技型企业发展壮大和提升创新活力的环境，加快引育集聚科技型企业，引导企业提升技术创新能力，增强科技对企业竞争力的支撑，提升企业发展的质量和效益。

四、高层次创新人才有待集聚

1. 研发人员总量偏少

高新区的发展、创新动力源于产业，产业发展源于企业，企业发展源于技术，技术发展源于人才，人才是创新发展的第一资源和原动力。如图 4-3 所示，从人才总量来看，2020 年，松山湖企业年末从业人员为 14.61 万人，与北京中关村、上海张江、深圳高新区等先进高新区相比差距较大。从研发人力投入来看，2020 年，松山湖企业 R&D 人员全时当量仅为 2.01 万人年，与其他先进高新区相比差距明显，北京中关村、上海张江、深圳高新区等先进园区在创新人才资源集聚方面具有领先优势。松山湖人才总量和人力投入总量均不占优势，与松山湖园区内的企业和从业人员总量偏少也有一定程度的关系。

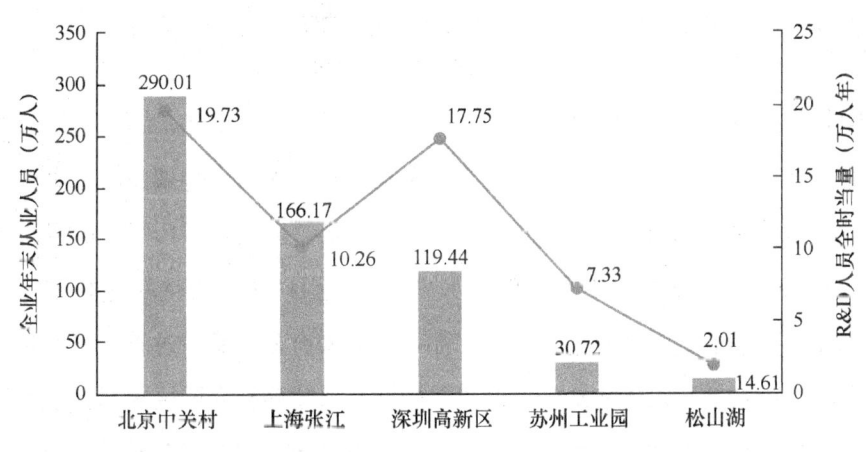

图 4-3 2020 年高新区企业年末从业人员、R&D 人员全时当量对比

数据来源：《中国火炬统计年鉴 2021》。

2. 高层次人才集聚不足

如图 4-4 所示，从园区人员队伍结构来看，2020 年，松山湖大专以上人员占企业年末从业人员比重约为47.33%，而上海张江、苏州工业园的比重均在70%以上，高层次人才集聚效应明显。从人才的国际化水平来看，2020年，松山湖留学归国人员和外籍常驻人员占企业年末从业人员的比重低于1%，与北京中关村、上海张江、深圳高新区、苏州工业园等相比差距明显。另外，苏州工业园大专以上人员占比、留学归国人员和外籍常驻人员占比在几大高新区中均为第一，高层次和国际化人才引进竞争力优势显著。

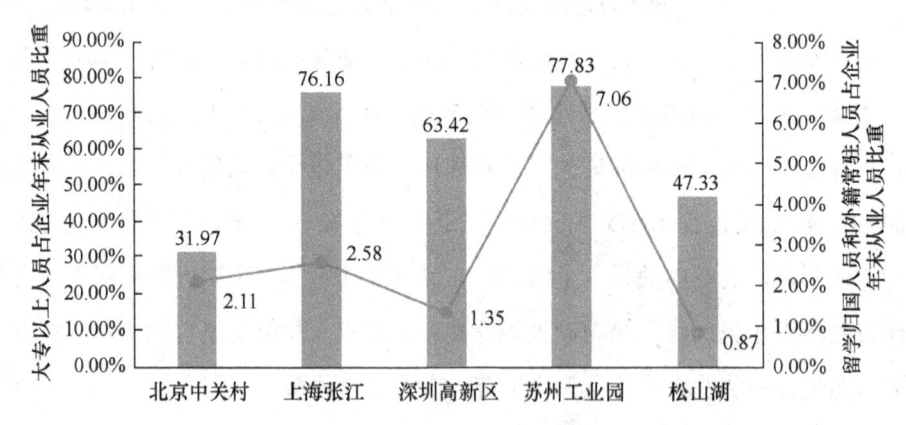

图4-4 2020年高新区大专以上、留学归国人员和外籍常驻人员占企业年末从业人员比重

数据来源：《中国火炬统计年鉴2021》。

综上所述，松山湖企业从业人员总量和企业研发人员总量偏少，与先进高新区相比，人才总量和研发人员投入总量均不占优势。同时，松山湖在高层次人才吸引方面的竞争力不强，由于缺乏高水平大学、科研平台等依托，博士后、博士、硕士、高级职称专业技术人才等高端人才尚未有效集聚，对于高层次人才的集聚和培育能力有待进一步提升。此外，国际化人才是提升园区国际竞争力的重要支撑，松山湖国际化人才比重偏低，与先进高新区相比差距明显。未来，松山湖还需要加强研究应用型、专业技术人才、高技能人才等多层次人才的引进和培育；同时，紧抓大湾区综合性国家科学中心先行启动区建设的契机，加强国际化平台建设，推动国际人才的交流与集聚。

五、城市公共服务配套设施有待提升

1. 商业配套设施有待进一步完善

松山湖具有良好的自然生态环境和人口密度，但一直以来生活气息不够浓厚，购物、餐饮、娱乐等商业配套设施水平有待完善。现有的综合商业设施主要依赖万科生活广场、佳纷天地等，虽然能满足基本生活需要，但其规模、品类及功能与各类人才的需求还存在较大差距，且现有商圈同质化严重。松山湖北区华润万象汇正式开业后，在一定程度上能较好地完善园区的商业配套设施，但商圈与居住地之间的公共交通若不够快捷便利，会在一定程度上削弱人才的消费频次和积极性。另外，适合打卡游玩的特色公园、热门景点、文创艺术场景较少，剧本杀、密室逃脱、电竞馆等年轻人普遍追逐的休闲娱乐新业态较为匮乏，人才的精神需求未能得到充分满足。在体育设施方面，松山湖内尚未配套游泳馆，篮球场、羽毛球馆等的分布也不均匀，无法满足多样化的健身需求。

2. 公共交通弊端明显

松山湖对外公共交通较为薄弱，园区内仅有的城轨站点"松山湖北站"目前只能实现莞惠联通，大运量铁路仅广深铁路一条。广深铁路在东莞的站点中与松山湖距离最近的东莞站，与松山湖也相距 27 千米。外来人才短期内无法在松山湖构建其丰富的生活社交圈，工作之余经常往返广州、深圳两地会亲访友，对外交通尤其是和广州、深圳间的公共交通不利，在很大程度上限制了人才的工作和生活半径，降低了人才幸福感。在内部交通方面，松山湖内长距离交通通过自驾、打车或公共交通方式可基本满足，但短距离交通（1~3 千米，步行较远、公交站点不完全覆盖）颇为尴尬，共享单车投放量严重不足，人才出行缺乏经济、便捷、灵活的交通工具。

3. 政策性住房管理有待精准布局

近年来，松山湖建立了集公共租赁型、共有产权型等多类型于一体的人才住房保障体系，不断满足园区人才的住房需求。在公租房方面，公租房申请存在"黑盒效应"，在信息获取、房屋申请、结果反馈等环节存在"三不"问题，即具体操作流程不清楚、能否申请成功不确定、何时排队成功得不到反馈。不确定的申请概率和等待时长，无法让人才及时享受公租房待遇，整体体验和感受不好。在共有产权房方面，由于存在政策不确定性、可选择余地少、不具备投资属性等特点，共有产权房主要吸引的是急于在园区落户、购房资金不足的刚需型青年人才。对有一定经济实力、对住房有一定要求的人才来说，提供短期过渡用政策性租赁房或给予住房补贴相对共有产权房更具吸引力。因此，在不同类型政策性住房的供给结构和方式上，松山湖还需要进一步精准布局。

4. 教育医疗长期来看还存在提升空间

松山湖配套了多所一级学校，涵盖幼儿园、小学、中学和大学，是东莞市教育资源最优质的区域之一。但是，优质教育资源作为稀缺商品，是东莞市竞争的对象，周边镇街生源挤占了部分优质资源，导致园区实际就业人才子女的入学需求并未完全满足。在医疗方面，松山湖内设有一家社区医院和东莞松山湖东华医院，基本能满足园区人才的日常就医需求，但东莞松山湖东华医院是私立医院，存在收费相对较高、信任度不够的问题。随着松山湖青年创新人才的集聚，这类人群会更加关注教育、医疗问题。从长期来看，随着松山湖人口的不断增长迭代及人才素质的不断提升，松山湖对教育、医疗等刚性需求会提出更高的要求，此类配套设施还有提升、完善的空间。

第五章

松山湖科学城创新发展的战略布局

基于对松山湖创新发展实践逻辑的分析及对国内外科学城创新发展建设经验的总结，从松山湖科学城创新发展的现实需求出发，进一步明确松山湖正处于从高新区到科学城演进的高质量发展阶段，面临着科技创新策源化、创新环境生态化、开放格局全球化、科产城功能融合化的新趋势。同时，在新形势下，松山湖的创新发展亟须新突破，应把握跃升发展机遇，紧扣国家赋予的历史使命，做好顶层设计，明确松山湖科学城创新战略定位和总体布局。

第一节 发展趋势与面临形势

基于松山湖创新发展实践逻辑，松山湖正面临从高新区到科学城的演进，松山湖创新发展也面临新的趋势和形势。

一、新时期松山湖创新发展的新趋势

1. 由技术研发向基础研究前移

作为国家级高新区，松山湖是技术创新和产业化发展的重要基地，发展形成了以新一代信息技术、智能装备制造、生物技术、新材料、生产性服务业等为核心的产业体系。随着全球科技竞争不断向基础研究前移，世界主要发达国家普遍强化基础研究战略部署，国内布局综合性国家科学中心作为国家科技领域竞争的重要平台，同时制定实施《基础研究十年行动方案》布局基础研究。《"十四五"国家高新技术产业开发区发展规划》明确提出，国家高新区要强化原始创新，成为支撑高水平科技自立自强的第一方阵。在新一轮科技革命浪潮和国家战略科技力量布局下，松山湖紧抓依托科学城建设大湾区综合性国家科学中心先行启动区的重要机遇，充分发挥重大科技基础设施集聚优势，围绕重点领域进一步布局基础研究，提升源头创新能力。

2. 由硬投入向打造软环境转变

作为国家级高新区，松山湖在创新驱动和转型发展中发挥着重要作用，自主创新能力不断提升，R&D 投入强度远超广东省平均水平，重大科技基础设施、研究型大学、新型研发机构等高水平创新源头供给持续增强。进入依托科学城建设推动全面高质量发展的 2.0 阶段，松山湖正面临从科技创新"量"的增长向更加注重创新生态"质"的提升转变，意味着松山湖除了对科技创新的硬投入，更需要注重软环境的打造。松山湖将进一步构建支撑科学城创新生态系统高效运行的协同机制、动力机制和保障机制，通过加强制度创新，不断提升企业、人才等自主创新能力，营造开放包容的创新生态环境，加强新产业、新业态、新场景发展，提升创新活力和效率，发展形成具有松山湖特色的创新文化底蕴。

3. 由自我发展向整合利用全球创新资源转变

松山湖从一片荔枝林发展到现代产业体系基本成型的国家级高新区，再发展成为科学特征初步展现、创新氛围日益浓厚的科学城，区域科技资源的集中度和显示度不断提升。从国家级产业集聚区到国家级科技创新平台，松山湖担负着代表国家参与全球科技竞争合作的重要历史使命，对区域创新的协同性和开放性也提出了更高要求。基于此，松山湖发展到当前阶段，仅靠自身基础和资源禀赋已不能满足未来发展需要，要充分发挥大湾区综合性国家科学中心先行启动区建设优势，不断强化开放式创新，深化港澳台创新合作，充分整合全球范围内的创新资源，打造国际创新合作战略支点，加快国际一流创新创业人才、先进技术、金融资本、研发平台、科技服务机构的引进集聚。

4. 由重视科技和产业向注重科产城融合发展转变

松山湖高新区科技功能、产业功能明显，通过发挥创新资源的集聚效应，促进高科技成果快速转换为现实生产力，科技创新为产业高质量发展提供了重要支撑引领作用。进入科学城建设发展阶段，意味着松山湖"城市"功能需要进一步凸显，发展理念应从重视科技和产业发展向推动以人为本的科产城功能融合转变，通过完善医疗、教育、住房、商业等功能配套，以城市综合服务功能为支撑，以科技创新为引领，加快推动科技产业化、产业高新化，最终实现科技、经济、社会、文化、环境全面协调可持续发展。

二、新时期松山湖创新发展的新形势

1. 全球科技和产业革命不断推进

随着全球治理体系的变革，新一轮科技革命和产业革命加速演进，以互联网、大数据、云计算、人工智能等为代表的新一代信息技术加速向各领域渗透，数字经济、共享经济正在成为带动新兴产业发展壮大、推动传统优势产业转型升级、实现包容性增长和可持续发展的重要驱动力。全球科技产业革命为松山湖依托科学城建设全面提升创新驱动能力提供了重要窗口期；同时，逆全球化、贸易保护主义、政治保守主义等浪潮日益加剧，对松山湖外向型经济发展模式形成了挑战。松山湖迫切需要部署面向未来科技、产业发展需要的战略科技力量，重点发展新一代信息技术、新材料、生命科学等优势领域，引导外贸型企业转型发展，利用国内市场哺育高科技企业的成长，形成一条正向的科技发展内循环道路，为东莞市实现新旧动能转换提供必要的技术和创新要素支撑，在变革浪潮中抢占科技制高点和产业价值链高位。

2. 大湾区综合性国家科学中心先行启动区建设全面推进

当前，粤港澳大湾区建设正在有序推进，国家明确以深圳光明科学城—松山湖科学城为主体打造大湾区综合性国家科学中心先行启动区，全面支撑粤港澳大湾区国际科技创新中心建设。科技创新是松山湖的安身立命之本，但目前松山湖的创新能力、产业水平与一流地区和先进城市相比还有不小差距，与大湾区综合性国家科学中心先行启动区建设的定位和目标还有距离。在新形势下，松山湖要以科学城建设为牵引，重点布局一批国家级大科学装置，催生一批有重大影响的原始创新成果，推动技术成果转移转化，促进产业转型升级，全面提升松山湖创新能级，强化与深圳光明科学城联动发展，深度参与广深港澳科技创新走廊建设，为松山湖实现新一轮的经济腾飞提供有利条件和广阔空间，为支撑粤港澳大湾区国际科技创新中心建设做出松山湖贡献。

3. 松山湖的创新发展亟须新突破

松山湖在从高新区向科学城升级发展过程中，紧扣国家赋予的定位目标，聚焦国家战略和粤港澳大湾区高质量发展需求，成为粤港澳大湾区国际科技创新中心建设的重要力量，同时也为东莞市可持续高质量发展提供核心支撑。面对国内外发展新形势和城市发展新需求，松山湖应把握跃升发展机遇，保持高起点、高定位和高标准要求，紧抓时代机遇做好顶层设计，不断强化原始创新、加快支撑高水平科技自立自强。同时，松山湖应进一步彰显东莞市"科技创新+先进制造"的城市底色，结合自身基础，打造具有鲜明制造业特色的创新高地；通过体制机制创新，在探索科技创新路径上寻求新突破，不断集聚创新资源、激发创新活力，打造科技创新区域范例；通过强化创新第一动力，统筹推进经济、科技、社会、生态文明可持续发展，全面提升发展质量和效率。

第二节 战略定位

1. 重大原始创新策源地

集中布局重大创新载体、一流大学和科研机构，打造原始创新成果持续涌现的创新高地，在若干领域引领全球科技和产业发展方向。

2. 中试验证和成果转化高地

强化产业创新和应用创新，建设一批高水平中试验证平台和产业化平台，打造具有全球影响力的中试验证和成果转化高地，支撑现代化经济体系建设。

3. 粤港澳合作创新共同体

深化粤港澳科技创新合作，共建开放型区域创新体系，引领推进广深港澳科技创新走廊建设，打造粤港澳大湾区合作创新的新标杆。

4. 体制机制创新综合试验区

积极与国际先进创新规则对接，破解制约创新要素流动和创新效率效益提高的深层次体制机制问题，探索有利于科技产业创新的制度体系。

第三节 总体布局

一、空间布局

根据《松山湖科学城发展总体规划（2021—2035年）》，松山湖科学城具有独特的区位及生态优势，北接松山湖，南靠巍峨山，将山水生态与科学功能有机融合，推进大湾区综合性国家科学中心先行启动区双城联动，形成"北湖南山、一核四区"的空间布局。

"北湖南山"是指彰显北湖、南山的生态区位特色，保育山湖生态绿核，修复山湖生态联系，建立"双核、多廊"的生态安全格局。依托"北湖南山"的稀缺景观资源，重点依山环湖布局科技研发功能，营造一流的科研环境与氛围；在外围邻近布局中试验证与成果转化功能。

"一核四区"是指依托中国散裂中子源等重大科技基础设施打造松山湖科学城的"创新核"——大装置集聚核心区，布局高校院所集聚区、新材料产业中试验证与成果转化区、新一代信息技术与生命科学产业中试验证与成果转化区、深莞科技成果合作转化区"四区"，推动产业链、创新链、人才链、生态链等多链融合协同发展。

1. 大装置集聚核心区

大装置集聚核心区位于巍峨山北麓及背山面湖地带，依托中国散裂中子源，进一步集聚世界级重大科技基础设施、前沿科学交叉研究平台、一流大学、一流科研院所、头部科技企业研发中心，形成重大科技基础设施带动的重大原始创新策源地。

2. 高校院所集聚区

高校院所集聚区位于松山湖北岸,在东莞理工学院、广东医科大学(东莞校区)、松山湖国际创新创业社区等既有高校院所基础上,进一步集聚世界一流大学或学院、新型研发机构、科技企业孵化器,加强产学研创空间融合,促进科技成果高效产业化。

3. 新材料产业中试验证与成果转化区

新材料产业中试验证与成果转化区位于松山湖西南岸及科学城大岭山片区,利用相对充裕的土地资源,重点拓展新材料产业等松山湖科学城发展基础相对薄弱的战略性新兴产业,形成主题集聚的中试验证与成果转化区。

4. 新一代信息技术与生命科学产业中试验证与成果转化区

新一代信息技术与生命科学产业中试验证与成果转化区位于松山湖东部,依托龙头科技企业,以新一代信息技术、生命科学与生物技术产业为主导,发展中试验证产业园区、科技企业孵化器与加速器、公共实验平台等中试验证与成果转化区。

5. 深莞科技成果合作转化区

深莞科技成果合作转化区位于黄江镇,充分发挥黄江镇地处莞深边界,连接两大科学城的地缘优势,积极承接两大科学城创新成果落地转化。

二、功能布局

根据《松山湖科学城科学功能规划(2020—2035年)》,松山湖科学城将从"知识创新—技术创新—产业应用"的创新全链条出发,对创新全过程进行布局。以中国散裂中子源、先进阿秒激光装置等为依托建设世界级重大科技基础设施集群,聚焦重点优势领域,建设和引入一流大学与科研院所,谋划重点领域研究平台,推动科技成果产业化,引进培养国际一流人才团队,深化体制机制改革，积极融入全球创新网络，建设世界一流创新生态体系。

1. 科学功能布局

重点布局重大科技基础设施，共建松山湖材料实验室，布局前沿领域交叉研究平台，打造国际知名大学和学科，推动重大科技成果转移转化。

2. 支撑要素布局

重点引进培养国际一流人才和团队，加强区域协同发展，探索体制机制创新，完善城市配套功能。

3. 重点领域布局

重点聚焦材料科学、信息科学和生命科学领域，布局建设重大科技基础设施、研究设施、交叉研究平台和技术创新平台。

第六章

松山湖科学城创新发展路径

基于松山湖科学城创新发展的战略定位和总体布局，围绕松山湖科学城创新生态系统的优化和提升，谋划发展路径。从打造粤港澳大湾区创新新高地、加快构建高端现代产业体系、营造开放包容的创新环境氛围、提升凸显创新特色的城市服务功能等方面完善松山湖科学城的科技创新体系、创新产业体系、创新环境体系和城市功能体系；从构建融通创新全链条的协同机制、完善激发创新活跃度的动力机制、健全创新体系生态化的保障机制等方面完善支撑创新的高效运行机制。

第一节 打造粤港澳大湾区创新新高地

强化国家战略科技力量支撑,加快打造以重大科技基础设施、高水平大学、新型研发机构为主的集聚区,持续提供高水平创新源头供给;突出企业创新主体地位,推动创新要素更好地向企业流动和集聚,坚持人才引领发展的战略地位,加强制造业人才引育,打造粤港澳大湾区创新新高地。

一、强化创新策源功能

1. 加快重大科技基础设施集群建设

加快中国散裂中子源二期、先进阿秒激光装置建设,谋划推进南方先进光源建设,瞄准世界科技前沿,面向国家重大战略需求,聚焦材料科学、信息科学、制造科学、生命科学研究领域,重点布局建设若干具备国际水平的大科学装置和专业研究设施,打造空间集聚、学科交叉、深度合作和开放共享的重大科技基础设施集聚区。优化重大科技基础设施的使用方向和机时分配制度,提升重大科技基础设施使用效能。构建完善重大科技基础设施开放运行机制,以科研与产业前沿创新需求驱动大装置的持续更新升级,不断提升原始创新能力,促进重大科技成果产出。

专栏 2

重大科技基础设施建设

1. 中国散裂中子源

中国散裂中子源(CSNS)是继英国、美国和日本之后,全世界第四台脉冲型散裂中子源。其科学目标是建成世界一流的大型中子散射多学科研究平台,使其与我国已建成的同步辐射光源等先进设施相互配合、优势互补,为材料科学、生命科学、化学、物理学、资源环境科学、新能源等领域的基础研究和高新技术开发提供强有力的研究手段，为解决国家发展战略需求的若干瓶颈问题提供先进平台，促进我国在重要前沿领域实现新突破，为多学科在国际上取得一流的创新性成果提供重要的技术条件保障。2011年，中国散裂中子源在东莞市动工建设；2017年8月，中国散裂中子源打靶成功获得中子束流；2018年8月，中国散裂中子源正式通过国家验收，并面向国内外用户开放运行。

2. 中国散裂中子源二期

2022年12月，中国散裂中子源二期工程可行性研究报告获得国家发展和改革委员会批复。项目在已建成的中国散裂中子源一期基础上，新建9台中子谱仪和2个实验终端，并通过更换使用新型高频离子源、增加超导直线加速器、新建物理与热工设计验证实验平台等相关升级改造工程，提升中国散裂中子源的束流功率。项目建成后，其综合性能将达到国际先进水平，满足国家战略需求和世界科学前沿研究对高性能中子散射的要求。

3. 南方先进光源

南方先进光源是一台衍射极限第四代同步辐射光源，与中国散裂中子源同为观测物质微观结构的大科学平台，广泛应用于物理学、化学化工、材料科学、能源、环境等多个重要研究领域，但是两个装置之间更多是互补关系，并且在某些领域无法相互替代。松山湖已建成南方先进光源研究测试平台，其可为南方先进光源的关键技术预制研究、工程建设及开放运行等提供基本保障和重要支撑。

4. 先进阿秒激光装置

先进阿秒激光装置由中国科学院物理研究所和中国科学院西安光学精密机械研究所共建，松山湖材料实验室参与建设。先进阿秒激光装置通过高起点设计，建设具有高重复频率、高光子能量、高通量及极短脉宽的多束线站，提供最短脉宽小于60as、最高光子能量可达500eV的超快相干辐射，并配备建设相应的应用研究平台，为高温超导、半导体材料器件、生物医药、材料损伤、特殊材料调控等多个重大基础科学问题的突破提供重要支撑。

2. 推动高水平大学建设

支持大湾区大学（松山湖校区）、香港城市大学（东莞）、东莞理工学院、广东医科大学（东莞校区）建设，打造优势突出、特色鲜明的高水平大学集聚区。充分发挥高校在基础研究和学科交叉融合方面的独特优势，打造国际知名大学，开展重点学科建设和人才引育。依托重大科技基础设施等基础研究平台资源，支持香港城市大学（东莞）、大湾区大学（松山湖校区）、东莞理工学院等高校布局前沿学科、交叉学科，培育特色学科，做优做强一批重点学科。加强高校人才团队引育，实施拔尖人才培养和引进工程、科研团队建设工程，构建以高端学术带头人为核心的人才高地。探索构建面向国家战略需求的基础研究人才培养体系，将科研实践引入基础学科本科培养体系，加强对本科阶段学生前沿意识、创新意识的培养。加强硕士和博士研究生培育工作，推动高校与广东省实验室等联合培养博士研究生，打造高水平的学科研究基地。支持高校与科技领军企业开展基础研究领域的合作，围绕关键核心技术问题开展联合攻关。强化科研设施资源开放共享，提高科研成果产出效率。

专栏 3

高水平大学建设

1. 大湾区大学（松山湖校区）

在办学机制方面，着重创新体制机制，高起点推进产教融合、科教融合、湾区融合，构建科教产共同体；充分联合政府、科研机构、内地及港澳高等院校、企业等资源，建立完善多渠道投入机制，构建中国特色现代大学治理体系，实施协同育人合作机制，建设独具特色、引领未来科技发展、产业升级和社会进步的新型研究型大学。在学科设置方面，围绕世界前沿领域和国家战略需求，立足粤港澳大湾区新经济、新产业背景，在起步阶段主要聚焦材料科学、新一代信息技术等领域，推动教育与科研资源共享，着力开发多学科交叉融合课程，开展前沿科技融合及创新研究。在人才培养方面，注重对基础知识、专业知识等纵向能力的培养及创新思维、跨学科思维、全球化思维等综合横向能力的培养。

2. 香港城市大学（东莞）

推动粤港办学资源、创新要素的自由流动和集聚，建设全球一流的研究型大学，促进产业高端集聚发展和创新融合发展。在学科设置方面，设立理学院、工程学院、医学及生命科学院、管理学院4个学院，围绕新兴产业和香港城市大学的优势专业，开设化学、数学、物理学、机械工程、材料科学与工程、生物医学、信息管理与信息系统等学科专业。在人才培养方面，以培养具有国际化视野及专业知识与技能、具备参与国际竞争能力、符合国家发展及社会需要的各类专业人才为教育目标，结合香港城市大学和东莞理工学院自身办学特色与优势，开展博士、硕士和本科教育，培养创新型人才。

3. 东莞理工学院

东莞理工学院参与松山湖科学城大科学装置建设，与中国散裂中子源、先进阿秒激光装置、南方先进光源、松山湖材料实验室等关键设施和仪器的设计、研发、制造与维护，提高关键装备国产化水平。布局基础研究和新兴前沿领域创新平台，面向国家重大战略需求和区域经济发展需要，结合学院学科专业布局和建设基础，聚焦材料科学、新一代信息科学、生命科学和智能制造四大领域，加强与大湾区综合性国家科学中心先行启动区和周边高新技术企业合作，采用新机制、新模式建设一批面向先进制造业和战略性新兴产业发展的重大基础设施、交叉研究中心，建立联合技术攻关团队，实现重大研发技术突破，解决相关领域"卡脖子"技术问题。建设产业技术创新服务平台，围绕新型半导体、新一代人工智能、智能无线射频、先进材料、分布式能源、智慧防灾和西门子智能制造创新中心等领域，建设一批中试验证平台、公共测试平台和共性技术服务平台，努力突破一批制约产业高质量发展的"卡脖子"技术，产出一批标志性原创成果。

> **4. 广东医科大学（东莞校区）**
>
> 广东医科大学（东莞校区）布局新型交叉学科，加强生物医药等优势学科与新一代信息技术、工程学等交叉融合，支持发展海洋医学、热带医学、精准医学、转化医学、智能医学等前沿学科；培育建设重点平台，加快建设东莞校区科技创新平台、教育部科技查新工作站、实验动物中心、临床医学研究中心。加强人才团队引育，实施拔尖人才培养和引进工程、人才梯队构建工程、科研团队建设工程，构建以高端学术带头人为核心的人才高地。

3. 推动新型研发机构提质增效

加快广东华中科技大学工业技术研究院等新型研发机构建设，推动新型研发机构在运行机制、管理制度、投入主体、用人机制等方面改革，打造以产业需求为导向、研发转化体系健全、运行机制灵活高效的新型研发机构集聚区。加快推进新型研发机构向市场化研发服务机构转型，构建以企业需求为导向的集基础研究与应用研究、技术攻关、企业服务、创业孵化于一体的运行机制。加快管理体制改革，推动新型研发机构去行政化，建立和完善以"董监高"为特征的现代企业管理制度，不断适应市场化环境。探索新型研发机构多元化投入机制，引入孵化基金、风险投资机构等投资主体，形成投资、研发、产业化到再投资的良性循环，提升自我造血能力。健全新型研发机构市场化用人机制和激励机制，探索推行全面持股孵化模式，激发人才内生动力。

专栏 4

典型新型研发机构代表

1. 广东华中科技大学工业技术研究院

广东华中科技大学工业技术研究院（以下简称"工研院"）是东莞市政府、广东省科学技术厅和华中科技大学于 2007 年联合共建的公共创新平台，按照"事业单位、企业化运作"的模式组建，在科技体制机制方面勇于创新，被《人民日报》《焦点访谈》誉为"全国新型研发机构的典型代表"。工研院现有600余人的技术团队和1000余人的产业化团队,其中包括国家领军人才专家5名、"长江学者奖励计划"入选者7名、国家杰出青年基金获得者6名、海外创新人才70多名、东莞市特色人才36名,获批1支国家重点领域创新团队、7支广东省创新团队。经过10余年的发展,工研院已经快速发展成为我国制造领域知名的新型研发机构,发起了国家数控一代机械产品创新应用示范工程,建设了全国电机能效提升示范点、全国智能制造现场会唯一示范点;作为集群促进机构中标工业和信息化部国家智能移动终端产业集群项目(全国首批23个之一),深度联合华为、vivo、OPPO等行业巨头企业推进智能移动终端产业全生态链的打造。

2011年,工研院自主打造"华科城"科技品牌企业孵化器,建设首个成果转化平台"松湖华科产业孵化园"。截至2022年,工研院已建设10个园区,建成国家级科技企业孵化器4家、国家级众创空间4家、省级孵化器8家、市级孵化器6家,孵化企业1000余家,其中,自主创办企业72家、创业板上市企业2家、新三板挂牌企业7家、上市后备企业4家。

2022年,工研院正式获批成为粤港澳大湾区国家技术创新中心分中心,作为国家战略科技力量,未来将推进大功率激光器等技术的国产化替代,推进开展光刻机光源等"卡脖子"难题研究,以关键技术研发为核心使命,产学研协同推动科技成果转移转化与产业化,为粤港澳大湾区产业发展提供源头技术供给,为科技型中小微企业孵化、培育和发展提供创新服务,培育发展新动能。

2. 广东省智能机器人研究院

广东省智能机器人研究院(以下简称"广智院")是机器人与智能制造领域的新型研发机构,主要围绕工业机器人、高端智能装备、无人自主技术产品,以及工业大数据、大功率激光器等装备及核心部件开展研发和成果转化。

在平台建设方面，广智院围绕智能机器人和高端智能装备等相关领域，建设了一批国家、省、市重大科研及孵化平台，包括广东省 3C 产业智能制造公共技术支撑平台、广东省锂电池自动化装备工程技术研究中心、广东省激光工艺与装备工程技术研究中心、广东省高功率激光器件与装备工程实验室、广东省全自主无人艇工程技术研究中心等一批重大科研平台，建设的智能装备研发中心获批科学技术部"国家专业化众创空间"（全国首批 17 家之一，东莞市唯一一家），建设的大岭山博创园获批国家级科技企业孵化器，建设的人才引进与培养中心获批广东省博士工作站、东莞市技师工作站。广智院已累计建设 4 个国家级平台、13 个省部级平台、6 个市级平台。

在产品研发方面，广智院重点围绕工业机器人和智能装备、核心功能部件、无人自主技术、工业大数据等方向开展行业共性技术攻关，已在控制技术、感知技术、大功率激光器、无人自主技术等研发方面达到国际领先或先进水平。

在技术服务方面，广智院已为机械、电子、汽车、家具、3C 等行业提供自动化生产线设计改造、数字化车间建设、大数据平台建设等技术服务，已为华为、美的、格力、吉利等世界 500 强企业提供高端技术服务，产品在 300 多家龙头企业推广应用，并深度参与国家智能制造专项。其中，牵头建设的智能制造车间被评为首批国家智能制造示范工程（全国 46 家单位获批，东莞市唯一一家），并被选为全国智能制造试点示范交流会的唯一示范现场。

在产业孵化方面，广智院构建了全链条孵化培育机制，搭建了多层次投融资体系，联合东莞市产业投资母基金、广东省粤科松山湖创新创业投资母基金及其他社会资本发起成立了规模 10 亿元的长劲石智能制造专项基金；成立了广智院天使基金，积极开展成果转化，投资建设的大岭山博创园被评为国家级科技企业孵化器。截至 2022 年，广智院累计创办、投资、孵化企业 150 余家，其中，创办、投资企业 55 家，孵化企业 96 家（26 家为国家高新技术企业），持股企业已有 11 家在创业板及科创板上市或过会。

第六章 松山湖科学城创新发展路径

4. 构建松山湖实验室体系

高标准建设松山湖材料实验室，加强与中国科学院全面合作，结合中国科学院材料及相关交叉学科科研资源，按照国家实验室标准共建松山湖材料实验室，加强实验室四大核心板块建设，依托前沿科学研究板块强化核心技术攻关，依托公共技术平台提升支撑服务能力，依托粤港澳交叉科学中心搭建高水平国际学术交流与合作平台，推动实验室积极探索科技成果向产业转化的有效路径。加快建设一批粤港澳联合实验室，集聚粤港澳大湾区科技创新资源；重点建设粤港澳中子散射科学技术联合实验室，依托中国散裂中子源科学中心、香港城市大学、东莞理工学院、澳门大学等粤港澳创新资源，推动中子散射技术在新材料、生命科学领域的基础研究和产业应用。探索建设专业领域重点实验室，围绕半导体、物理化学、分子生物学探索重点实验室建设，为重点产业高质量发展提供重要支撑。积极加强与高校院所、大型企业等合作，在新材料、信息技术、生命科学等领域共建联合实验室，共享科研资源，发挥产学研协同作用，扩展实验室科研及产业化方向，促进相关领域产业升级。

专栏 5

重点实验室建设

1. 松山湖材料实验室

松山湖材料实验室于2017年12月22日启动建设，2018年4月完成注册，是广东省第一批省级实验室之一。松山湖材料实验室布局前沿科学研究、公共技术平台和大科学装置、创新样板工厂、粤港澳交叉科学中心四大核心板块，探索形成"前沿基础研究—应用基础研究—产业技术研究—产业转化"的全链条创新模式，定位于成为有国际影响力的新材料研发南方基地、国家物质科学研究的重要组成部分、粤港澳交叉开放的新窗口。

前沿科学研究板块。主要以前沿研究为基础，瞄准材料领域基础科学前沿问题，针对我国材料领域的"卡脖子"问题，实现相关科学技术领域的原始性重大突破、攻克产业关键核心技术、破解关键领域重大科技难题，从而充分发挥基础研究对材料科学和工程技术的创新源头作用，打通从基础科学发现、关键技术突破到产业应用前期的完整创新链，并积极推动实现材料科学重大原创性突破和重大成果转移转化。目前，该板块已布局十大前沿科学研究方向，近20个研究团队已进驻。

公共技术平台和大科学装置板块。主要建设综合性用户开放平台，针对材料设计、制备、加工、表征、测量、模拟，建设材料制备与表征平台、微加工与器件平台、材料计算与数据库平台、大湾区显微科学与技术研究中心，为大学、科研机构、企业提供通用性技术服务。

创新样板工厂板块。主要开展产业技术研究与产业转化，在松山湖功能区内寻找转移转化空间，通过将实验室科技成果在样板工厂内进行小试、中试孵化，并与社会资本相结合，持续培育一批有发展潜力的新材料高科技企业。建立"人才+技术+资本+服务"四位一体的科技成果转化模式。打通从基础科学发现、关键技术突破到产业应用前期的完整创新链，并积极推动材料科学重大原创性突破和重大成果的转移转化，实现对科技型企业的科技供给。

粤港澳交叉科学中心板块。主要负责整合国际学术资源，通过建立跨学科、跨产业的创新生态，服务于粤港澳大湾区产业集群。以材料科学为核心，面向生命、能源、先进制造、人工智能等多学科交叉，持续关注国内外相关科学前沿和最新动态，开展交流合作，提供创新思想和成果源泉；面向社会开放，宣传和普及材料科学及相关学科交叉所形成的各种成果，吸引和培养更多的优秀年轻人才投身于前沿科学研究，促进高学术水平研究工作的开展。

2. 粤港澳中子散射科学技术联合实验室

粤港澳中子散射科学技术联合实验室（以下简称"联合实验室"）于2020年1月15日揭牌，是首批启动建设的10家粤港澳联合实验室之一。联合实验室由中国散裂中子源科学中心、东莞理工学院、香港城市大学、澳门大学共同建设,依托中国散裂中子源大科学装置,开展中子散射在材料科学中的应用研究,解决高性能结构材料和多功能材料等国家重大需求的技术难题。

联合实验室在广东省科学技术厅、东莞市科技局的支持下设立专项开放基金,择优资助中子散射科学技术与应用研究课题,开放课题主要面向国内(含港澳)各高校、科研机构及有研发能力的企业在职研究人员,围绕中子散射技术的发展,推动开展前沿领域和关键技术的研究。

二、夯实企业创新主体地位

1. 加快创新型企业集聚发展

重点优化完善企业结构,支持科技领军企业整合资源布局战略科技力量,发挥创新引领和带动作用;加强重点产业领域关键环节企业引进与培育,培育发展高成长科技型企业,推动创新型企业形成集聚。聚焦材料科学、信息科学、生命科学等未来前瞻性技术领域,培育具备颠覆性技术或模式、拥有爆发成长潜质并最终可成长为世界级公司的未来型企业。促进各类企业协同发展,推动建设产业技术创新联盟、行业协会、场景应用创新中心等,加快形成以行业领军企业为主、吸引中小企业广泛参与的协同创新机制。构建大企业与中小企业协同创新、资源共享、融合发展的产业生态,推动世界级企业、独角兽企业、创新型企业、未来型企业的配套协作和关联发展,推进中小微企业发展上水平,增强产业链、供应链自主可控能力。

专栏 6

加快创新型企业培育集聚

1. 发挥科技领军企业创新引领作用

支持科技领军企业牵头联合高校院所、各创新主体等组建创新联合体,整合集聚创新资源,开展关键核心技术攻关。支持科技领军企业布局基础研究,提出基础研究和应用基础研究重大问题清单。鼓励具有关键核心技术的科技企业参与重大科技基础设施关键技术和设备预研项目，承接重大科技基础设施的外包项目，与建设和运营单位共建创新平台，使用重大科技基础设施开展实验。支持科技领军企业建设产业技术创新联盟、行业协会、场景应用创新中心等，加快形成以行业科技领军企业为主、吸引中小企业广泛参与的协同创新机制，构建大企业与中小企业协同创新、资源共享、融合发展的产业生态，增强产业链、供应链自主可控能力。

2. 加快产业链重点企业引育

在新一代信息技术、机器人与智能装备、生物技术与医疗器械、新材料等产业领域引进培育若干具有技术引领力、市场驱动力和生态主导力的科技领军企业，开展"一企一策"精准服务，支持科技领军企业发展成为全球产业链"链主"和产业生态"盟主"，提升松山湖在全球产业分工体系中的话语权。培育创新型龙头企业，引导各类创新要素向企业集聚，支持规模大、带动强的高新技术企业融入全球研发创新网络，加速成为具有国际竞争力的创新型龙头企业。开展重点领域招商，引进培育重点领域龙头企业、产业链核心环节重点企业、高成长科技企业。

3. 扶持培育高成长科技企业

围绕科技企业的创新发展需求，鼓励科技企业孵化器、新型研发机构参与培育行动，提供全链条、一体化、集成式服务，成为打造孵化高新技术企业、瞪羚企业、上市企业的摇篮。强化分类认定与扶持引导，重点培育高成长高新技术企业，重点解决企业改制、融资、并购、重组过程中产生的各项问题，扶持企业做大做强，着力提升高新技术企业的数量和质量。强化梯队培育，制定企业分类评价标准和指标体系，建立企业遴选和发布机制，遴选一批处于快速发展期的瞪羚企业，聚焦重点发展产业的优势领域，根据企业规模、生命周期、核心能力、发展潜力及所处产业链核心环节，确定一批现有的独角兽企业及后备培育企业名单。支持企业上市，集中科技资源，集成科技计划，分类扶持，加大在股份制改造和创业板、中小板、新三板等上市关键期的支持力度，为企业上市开辟绿色通道，完善企业上市引导、扶持和服务，推动一批具有自主知识产权、市场前景好、诚信规范的高成长科技企业加快上市融资进程。

4. 加快培育未来型企业

聚焦虚拟现实、增强现实、人工智能、新材料、大健康等未来前瞻领域，探索培育具备颠覆性技术或模式、拥有爆发成长潜质并最终可成长为世界级公司的未来型企业。瞄准核心技术、核心专利产品，关注原创性、颠覆性、关键共性技术或与重大工程密切相关的技术成果，重点支持成果转化能力、技术迭代能力较强的创业团队创办企业，建立完善"创业苗圃—孵化器—加速器"孵化体系，建设涵盖"原型产品验证—小批量生产—大规模产业化生产"的一站式中试验证基地，为优质高成长未来型企业发展提供普惠性招商政策和低成本企业营运空间。

2. 支持企业开展核心技术攻关

发挥科技领军企业在关键核心技术攻关领域"出题人""答题人""阅卷人"的作用。探索企业关键核心技术攻关凝练方式，组织高校院所与企业共同凝练技术研发方向和资源组织，"组装"一批硬科技攻关项目。支持企业牵头实施重大科技项目，形成企业主导、高校院所支撑、投资机构深度参与的立项遴选方式，对获得风险投资的企业攻关项目优先支持。充分发挥市场对技术研发方向、技术路线选择等各类创新要素配置的导向作用，建立常态化的企业技术创新咨询机制，提升企业家、产业专家在重大科技项目中的参与度和话语权。

3. 支持企业建设高水平研发机构

支持龙头企业建设研究院等高水平研发机构，支持自建或与境外机构合作共建境外研发机构。支持企业与国内双一流高校合作建立研发机构，或者联合境内外高校、科研机构在松山湖设立联合实验室，通过产学研深度融合，组建研发团队，强化研发力量。支持企业研发机构提质增效，对认定国家级（省级）技术创新中心或分中心、国家级或省级重点实验室、省级工程技术研究中心、市级重点实验室或工程技术研究中心的企业给予奖励。

4. 鼓励企业加大研发投入

引导企业面向产业需求和长远发展加大研发投入力度，完善企业研发活动过程管理与研发费用管理制度，落实研发费用加计扣除、高新技术企业所得税减免等政策，实施企业研发投入后补助政策，加大对企业研发费用的奖补。落实国家关于企业投入基础研究税收优惠政策，鼓励社会以公益捐赠和建立基金等方式多渠道投入基础研究。

5. 加强企业人才引进和培育

依托国家工程硕博士研究生联合培养试点，为企业培育理论功底扎实、具备较强工程技术创新创造能力、善于解决复杂工程技术难题、扎根工程实践和生产一线的高水平工程师队伍。深化产教深度融合，立足东莞先进制造业，高质量推进国家卓越工程师创新研究院建设，为企业培养创新型、实践型高层次人才。发挥一流高校院所对高端人才的吸引力，探索人才共享模式创新，通过"学校招、企业供、政府助"的人才共享机制，解决企业高水平创新人才紧缺的问题。发挥企业家在把握创新方向、凝聚创新人才、组织创新资源等方面的重要作用，组织企业家到先进地区、标杆企业学习交流，加快培养具有全球思维、战略眼光、创新精神和社会责任感的优秀中青年企业家队伍。

三、推进创新人才高度集聚

1. 吸引高水平战略科技人才

优化高端人才发现和引进机制，发挥好省、市有关海外高层次人才计划和国内外人才引进落户政策的引才聚才作用。依托重大科研平台及龙头科技企业，遴选海外及本土战略科技人才。面向重点领域,充分发挥重大科技基础设施的人才聚集效应,依托一流大学、重点实验室等载体,引进一批引领国际科技和产业发展趋势的顶尖战略科学家团队,加快集聚一批从事科学前沿探索和交叉学科研究的前沿科技顶尖人才。推进松山湖前沿交叉研究平台建设,重点引进材料科学、信息科学、生命科学等领域的复合型人才,促进学科发展、科技进步、产业升级、人才吸引的良性循环,带动松山湖科技人才队伍实力跃升。建立企业首席科学家发现机制,鼓励企业为战略科技人才量身打造事业发展平台。

2. 集聚产业创新人才

聚焦数字经济、人工智能、机器人与智能装备、生命健康、新材料等重点领域和关键技术环节,加快引进和培育产业领军人才,在人才奖励、项目资助、政府引导基金、创业投融资等方面予以重点支持。围绕松山湖重点产业紧缺专业人才目录,落实人才补贴政策,加快集聚一批紧缺急需人才,培养形成以卓越工程师、大国工匠、高技能人才等为核心的企业高层次人才和骨干科技人才。加快推动连续创业者、企业高管、职业经理人、投融资人才、科技服务人才等集聚,带动形成一批优秀创新创业团队。

3. 建设青年科技人才队伍

加大对青年科技人才的扶持力度,吸引一批从事新产业、新业态、新技术和新模式的青年创新创业人才。创新人才培养机制和方式,完善专业领域的人才梯队建设,建立与松山湖科学城科学家、实验室科研团队的紧密合作机制,鼓励科学家在高校开设专业课程,开展人才联合培养,支持院校开展多种形式的学生交换互读,重点培养重大科技基础设施研究应用型人才和管理人才。引导企业和科研机构建立青年人才储备机制,鼓励企事业单位按规定设立一定数量的特设岗位引进紧缺急需的优秀青年科技人才,引进数量不受岗位总量和结构比例限制。依托重大科研平台,探索设立博士后创新岗位。加大对青年科技人才的支持力度,探索长期滚动支持机制,研究设立面向优秀博士生的科研项目。支持港澳青年在科学城创新创业,按规定享受税收优惠、创业担保贷款及贴息、场地支持等扶持。

4. 加大高技能人才培养力度

加快培育高技能人才队伍,鼓励松山湖内高校与企业合作建立实习实训基地,重点培养现代产业技术技能人才,支持职业技术学院发展建设,鼓励职业院校主动适应新兴产业发展需求,增设紧缺学科专业,推动人才培育更好地服务松山湖产业发展,加强本地青年人才培养和储备。鼓励职业院校与企业合作,采取现代学徒制、企业新型学徒制、校企双制等模式培养高技能人才。围绕重点行业领域,对获得相关职业技能认定的青年人才给予相应补贴奖励,促进企业技能型人才职业提升。

第二节 加快构建高端现代产业体系

瞄准产业发展制高点,把握数字经济发展趋势,促进数字产业化、产业数字化,统筹推进主导产业核心竞争力提升,赋能东莞市制造业创新发展,强化科技服务对制造业的支撑作用,创新新兴产业培育机制,打造以硬科技为主导的高端现代产业体系。

一、着力发展数字经济

1. 增强底层技术引领

加强数字经济底层技术研发攻关,支持大数据采集、清洗、存储、挖掘、分析等技术创新,积极布局算力、算法、数据、安全等数字技术,强化行业应用系统解决方案供给能力。支持大数据、人工智能、云计算、物联网和区块链等新一代数字技术应用与集成创新,支持概念验证和前沿颠覆性项目。支持数字化共性标准、关键技术标准的制定和推广。

2. 推进产业数字化

围绕东莞智能制造需求，聚焦智能机器人、高端数控机床、激光与增材制造等领域，加强智能传感与控制装备、智能检测与装配装备、智能物流与仓储装备、高档数控机床、工业机器人、精密激光智能装备的研发和产业化。推进高端装备与核心软件、工业互联网的集成应用，实现数字化成套装备（生产线）首台（套）突破。依托松山湖电子信息产业集群优势，基于工业互联网平台，为企业提供设备与业务系统上云、数据管理能力提升、工业资源共享、解决方案推广等服务。

3. 提升数字产业能级

进一步夯实半导体集成电路、电子元器件、新型显示、软件和信息技术服务等电子信息制造业基础。着力提升软件和信息技术服务能力，重点发展工业软件。培育人工智能、量子信息等新产业、新业态，在高精度成像技术、高端工业镜头、3D 视觉技术等领域形成一批支撑人工智能产业的标志性软硬件产品，探索开展应用于移动终端新型显示屏的量子点材料和应用于量子计算的量子磁性传感材料研究。

二、推动主导产业高端化

1. 新一代信息技术产业

推动以人工智能、5G 为引擎的新一代信息技术产业创新发展，支持大数据、云计算、物联网等细分领域加快发展，强化新一代信息技术与制造业深度融合。做强新一代信息技术产业链，做大电信设备制造环节，培育发展电信设备制造下游高附加值环节，依托龙头企业引进及培育智能手机关键核心零部件制造环节企业；积极引进一批高端芯片研发设计企业。搭建技术平台体系，依托核心企业、科研院所等搭建重点前沿领域研究平台及技术服务平台；在 5G 应用示范产业方向谋划建设省级或国家级制造业创新中心。

2. 智能制造产业

大力推进以机器人、智能装备为核心的智能制造产业，提供智慧工厂整体解决方案，支持智能设计、智能生产、智能管理及集成优化等，带动工业制造智能化升级。推动智能制造企业集聚发展，支持一批机器人重点企业进一步提升自主创新能力，大力扶持一批初创型机器人企业发展壮大，积极引入智能元器件、传感器、智能硬件等制造企业，努力打造具有国际竞争力的高端装备制造产业集群。加快产业平台载体建设，推动广东省智能机器人研究院、东莞松山湖国际机器人产业基地建设，支持建设东莞新一代人工智能产业技术研究院。

3. 生物技术与健康产业

发展以生物医药、医疗器械、智慧医疗为重点的生物技术与健康产业。引进国内外知名的生物医药和医疗器械企业，建设区域总部或企业研发中心。支持一批重点生物医药企业做大做强，打造松山湖生物技术产业基地。建设集聚一批高水平科研机构与科技服务平台，建设第三方医学检测服务平台，引进培育行业龙头合同研发机构（CRO）、合同外包生产机构（CMO）等平台。结合松山湖装备制造产业优势，探索可移动医疗空间（移动负压医疗车、医疗船、医用飞机等）等健康制造业发展。

4. 新材料产业

积极培育以先进战略材料、前沿新材料为重点的新材料产业。依托中国散裂中子源，加速新材料研发和产业化，推进新材料产品标准与下游行业设计规范的衔接配套建设。支持松山湖材料实验室利用创新样板工厂开展小试、中试孵化，推动新材料高科技企业培育，同时围绕产业链上下游企业的研发难题，强化先进科技供给。瞄准第三代半导体上游材料，加快产业项目招引。针对优势领域，搭建关键共性技术、材料检测与试验、知识产权和应用场景推广等平台。

专栏 7

主导产业重点发展技术领域

1. 新一代信息技术产业

在人工智能领域，重点突破机器视觉技术、自然语言处理技术、自主无人智能技术等关键共性技术，推进人工智能在机器人、智能驾驶、智慧医疗等领域的产业化应用。在 5G 领域，重点发展基站系统、网络架构、5G 终端产品及关键器件、5G 技术融合应用，打造 5G 示范区。

2. 智能制造产业

在机器人领域，重点发展工业机器人、服务机器人等，围绕机器人本体制造、核心零部件、机器人系统集成等关键环节，加速关键零部件国产化，突破机器人本体优化设计、机器人离线编程与仿真、智能装备传感器等核心技术。在智能装备领域，重点支持智能制造关键技术装备、重大成套装备等研发和应用，突破先进感知与测量、高精度运动控制、高可靠智能控制、建模与仿真、工业互联网安全等一批关键共性技术，研发与智能制造相关的核心支撑软件。

3. 生物技术与健康产业

在生物医药领域，重点支持创新药、高端仿制药等。在智能医疗领域，重点支持信息技术支撑新药研制、人工智能辅助诊疗、医疗影像智能处理等细分领域。在医疗器械领域，重点支持体外诊断仪器、健康穿戴设备等。

4. 新材料产业

在新材料领域，围绕新一代信息技术、高端装备制造、生命技术等新兴产业领域发展需求，重点支持新型显示材料、电子功能材料、高端装备用特种合金、生物医用材料的研发与产业化。在前沿新材料领域，重点支持增材制造专用材料、纳米材料、量子材料的研发。

三、培育新产业新业态

1. 推动科技服务业赋能先进制造业高质量发展

加快发展以面向行业的专业型技术服务业和通用型技术服务业为核心的科技服务业，强化高端科技服务业对先进制造业发展的支撑作用。结合松山湖产业特点，重点发展信息技术服务业、智能制造服务业和生物技术服务业等专业型科技服务业。在信息技术服务业领域，聚焦共性技术研发服务、软硬件第三方测试及信息产品研发、设计、测试、验证全产业服务等。在智能制造服务业领域，聚焦前沿技术和共性技术研发服务、人工智能与机器人检测与评定服务、机器人技术培训、系统技术集成与验证服务等。在生物技术服务业领域，聚焦研发创新与实验外包服务、临床 CRO、药品与医疗器械安全性评价、第三方公共检测、生物信息数据库等。在通用性科技服务业领域，重点发展知识产权、检验检测、科技咨询、科技金融、法律、人力资源等。

2. 前瞻布局未来产业

从人类科技产业发展历史规律来看，未来产业大概率将诞生于重大基础科研成果转化应用及重大颠覆性技术的孕育孵化。根据麻省理工学院近年来对全球十大突破性技术的预测，结合松山湖现有的产业和技术基础，充分发挥中国散裂中子源、南方先进光源、先进阿秒激光装置等一批正在布局建设的重大科技基础设施对源头创新的支撑作用，敏锐把握未来产业发展趋势，提升对新领域、新赛道的敏感性和判断力，加快布局类脑智能、量子信息、前沿新材料、基因技术等未来产业。要加强对这些领域基础科研成果、人才、技术、产业动态的跟踪研判，积极构建"人才 + 项目 + 基金 + 创业企业 + 产业化基地"的未来产业孵化模式，引进培育掌握颠覆性技术的全球领军人才，支持超前开展基础研究平台布局，支持开展未来产业自由探索研究，鼓励多学科交叉前沿研究，形成一批突破性研究成果，形成引进一批人才、孵化一批企业、培育一个产业的长效机制，不断催生新产业新业态，抢占发展制高点。

> 专栏 8

近五年《麻省理工科技评论》发布的全球十大突破性技术

1. 2023年《麻省理工科技评论》全球十大突破性技术

（1）詹姆斯·韦伯太空望远镜（James Webb Space Telescope）；

（2）用于高胆固醇的 CRISPR（CRISPR for High Cholesterol）；

（3）制作图像的 AI（AI that Makes Images）；

（4）按需器官制作（Organs on Demand）；

（5）远程医疗堕胎药（Abortion Pills via Telemedicine）；

（6）改变一切的芯片设计（A Chip Design that Changes Everything）；

（7）古代 DNA 分析（Ancient DNA Analysis）；

（8）电池回收利用（Battery Recycling）；

（9）必然到来的电动汽车（The Inevitable EV）；

（10）大规模生产的军用无人机（Mass-Market Military Drones）。

2. 2022年《麻省理工科技评论》全球十大突破性技术

（1）新冠口服药（A Pill for COVID）；

（2）实用型聚变反应堆（Practical Fusion Reactors）；

（3）终结密码（The End of Passwords）；

（4）AI 蛋白质折叠（AI for Protein Folding）；

（5）PoS 权益证明（Proof of Stake）；

（6）长时电网储能电池（Long-Lasting Grid Batteries）；

（7）AI 数据生成（Synthetic Data for AI）；

（8）疟疾疫苗（Malaria Vaccine）；

（9）除碳工厂（Carbon Removal Factory）；

（10）新冠变异追踪（COVID Variant Tracking）。

3. 2021年《麻省理工科技评论》全球十大突破性技术

（1）mRNA疫苗（Messenger RNA Vaccines）；

（2）生成式预训练模型（GPT-3）；

（3）数据信托（Data Trusts）；

（4）锂金属电池（Lithium-Metal Batteries）；

（5）数字接触追踪（Digital Contact Tracing）；

（6）超高精度定位（Hyper-Accurate Positioning）；

（7）远程技术（Remote Everything）；

（8）多技能AI（Multi-Skilled AI）；

（9）TikTok推荐算法（TikTok Recommendation Algorithms）；

（10）绿色氢能（Green Hydrogen）。

4. 2020年《麻省理工科技评论》全球十大突破性技术

（1）防黑互联网（Unhackable Internet）；

（2）超个性化药物（Hyper-Personalized Medicine）；

（3）数字货币（Digital Money）；

（4）抗衰老药物（Anti-Aging Drugs）；

（5）人工智能发现分子（AI-Discovered Molecules）；

（6）超级星座卫星（Satellite Mega-Constellations）；

（7）量子优越性（Quantum Supremacy）；

（8）微型人工智能（Tiny AI）；

（9）差分隐私（Differential Privacy）；

（10）气候变化归因（Climate Change Attribution）。

5. 2019 年《麻省理工科技评论》全球十大突破性技术

（1）灵巧机器人（Robot Dexterity）；

（2）核能新浪潮（New-Wave Nuclear Power）；

（3）早产预测（Predicting Preemies）；

（4）肠道显微胶囊（Gut Probe in a Pill）；

（5）定制癌症疫苗（Custom Cancer Vaccines）；

（6）人造肉汉堡（The Cow-Free Burger）；

（7）二氧化碳捕获器（Carbon Dioxide Catcher）；

（8）可穿戴心电仪（An ECG on Your Wrist）；

（9）无下水道卫生间（Sanitation without Sewers）；

（10）流畅对话的 AI 助手（Smooth-Talking AI Assistant）。

资料来源：根据公开资料整理。

第三节　营造开放包容的创新环境氛围

以粤港澳大湾区国际科技创新中心建设为统领，加强与广州、深圳的协同联动，打造以港澳台为重点的创新合作，积极融入全球创新网络，充分利用全球高端创新资源，着力提升松山湖科学城国际竞争力和吸引力，营造松山湖科学城独特的创新文化氛围，构建海纳百川、博采众长的开放创新格局。

一、加强与深圳、广州科学城联动发展

1. 推动基础研究领域合作创新

加强与深圳光明科学城、广州南沙科学城的协调互动与错位发展，建立健全重大科技基础设施、大型科学仪器等科技资源开放共享与信息互通机制。支持与科学城创新主体共同参与重点领域研发项目等技术攻关项目，联合实施重大科技项目、重大科学工程。推动科教领域深度合作创新，支持中国散裂中子源、松山湖材料实验室等科研机构与深圳光明科学城、广州南沙科学城创新主体围绕材料科学、生命科学、信息科学等领域开展联合研究和学术交流。支持大湾区大学（松山湖校区）、香港城市大学（东莞）等高校围绕前沿领域开展学科共建、人才联合培养、科学研究等合作。

2. 加强联合攻关助推产业创新

以产业创新牵引技术创新、带动科学研究，聚焦新一代信息技术、智能装备制造、新材料、生物医药等重点领域，探索关键共性技术跨区域联合攻关。联合深圳光明科学城的高校、科研机构和企业，面向产业创新需求，支持两地优势创新资源共同参与重点领域研发项目等技术攻关项目，联合攻克一批关键共性技术、前沿引领技术、现代工程技术和颠覆性技术，推动相关产业发展。积极承接深圳光明科学城、广州南沙科学城创新成果在松山湖科学城落地转化。借鉴深圳建设中国特色社会主义先行示范区综合改革试点的经验和做法，争取国家和广东省科技创新体制、科技金融、知识产权保护等方面的授权事项覆盖松山湖科学城。

二、强化国际创新合作

1. 深化港澳台创新合作

打造港澳台创新合作战略支点，探索联合香港、澳门谋划共建创新合作园区，聚焦新一代信息技术、人工智能、医疗器械、中医药等重点优势领域，加快

创新资源集聚和项目引进。支持松山湖创新主体与港澳高校和科研机构开展学科共建、人才联合培养、科学研究等创新合作。深化与台湾地区的科技合作，依托东莞松山湖台湾高科技园、松山湖海峡两岸青年创业基地等，落实台湾地区青年创新创业支持政策，吸引台湾地区创新创业人才、项目、企业等落地。

2．积极链接全球科技创新网络

瞄准美国、日本、新加坡、以色列等主要创新大国和关键小国，聚焦人工智能、智能制造、生物技术等重点领域，探索"离岸孵化＋松山湖加速"的跨境服务模式，深度挖掘优质科创型、成长型项目。吸引全球性跨国公司、世界500强企业、行业龙头企业等在松山湖设立地区总部或研发中心、设计中心、"灯塔工厂"等功能性机构。加快引进国际化创新资源，推动国际一流创新创业人才、先进技术、金融资本、研发平台、科技服务机构在松山湖集聚。实施国际组织引进计划，倡导并推动成立材料、物理等领域的国际合作联盟组织。支持龙头企业参与国际技术标准制定，不断提高松山湖在全球创新体系中的地位。

三、营造创新文化氛围

1．打造松山湖创新创业品牌活动

持续办好粤港澳院士峰会、松山湖科学会议、松山湖数学论坛等高水平学术论坛，提升松山湖学术会议的国际化、权威性和影响力，将松山湖打造成为面向全球的科技创新交流合作平台、新理念新思想传播交流平台和新技术新成果发布平台。持续扩大松山湖创新创业大赛品牌影响力，聚焦数字经济、新材料、新能源、生物医药与大健康、机器人及智能装备制造等重点领域，面向全球深度挖掘优质创新创业项目，加强项目的落地转化培育和跟踪服务。支持龙头企业、民间机构和社会力量举办创新论坛、创新创业大赛等高水平国际科技交流活动。

2．营造创新创业创富环境氛围

营造勇于探索、开放包容的创新氛围，赋予科研人员更大技术路线决定权、

更大经费支配权和更大资源调度权。落实松山湖创新创业支持政策，完善政府引导扶持机制，建立容错免责制度，鼓励支持创业失败的企业家和创业团队二次创业。弘扬企业家精神，营造尊重企业家价值、鼓励企业家创新、发挥企业家作用的环境。增强企业科技人才的主人翁精神，引导企业建立创新激励机制，充分激发和调动企业科技人才的创新意识与创新行为。加强对重大创新成果的科学普及，加大对优秀创新创业人才和团队的宣传报道，利用新媒体发掘和传播创新创业创富故事。加大推进科普教育力度，开展科普惠民活动，开设科技文化在线课堂，开展科技周、科学家大讲堂等周期性公益活动，提升民众科学素养。

第四节　提升凸显创新特色的城市服务功能

坚持绿色智慧人文城市发展理念，强化松山湖发展底蕴，彰显区域发展特色，完善松山湖科学城的硬设施和软实力，充分利用松山湖生态与人文优势，统筹优化城市空间和功能品质，提升公共服务供给水平，打造生活美好、设施完善、服务优质、环境优美、充满活力的松山湖科学城。

一、打造服务优良的国际品质城区

1. 完善住房和商业配套

建立租购并举、租售衔接的多元化人才住房体系，采用双限房、商品房配建、土地统筹等方式，建设配套完善、质量优良的人才房，完善高品质国际社区、科学家社区、人才公寓、创业社区、公共租赁房建设，不断提升居住品质，为各类创新人才提供多样化的居住选择，进一步提升松山湖科学城吸引人才的综合实力。提供国际化、便利化的商业服务，加快推进大型综合生活配套服务中心建设，引进和培育现代大型商业广场、主题专业商厦，布局特色节点商圈、特色街区、社区商业等多层次商贸中心，推动现有旧商圈业态调整和优化升级，围绕服务、餐饮、购物、酒店、文体与娱乐等业态，打造消费新场景，拓展新消费空间，探索新增提供国际语言服务，为各类创新人才提供便利的工作、生活环境。

2. 集聚优质的教育医疗资源

增加优质教育资源供给，充分满足松山湖科学城高端人才对优质教育资源的需求，高标准配置学前教育、义务教育、高中阶段教育，构建高水平、开放式、国际化教育集聚高地。新建一批中小学及幼儿园，满足高端人才子女就近接受优质基础教育的需求，大力提升办学水平和教育服务质量，推进教育内涵式发展。扩大普惠性幼儿园规模及覆盖面，补齐松山湖科学城、生态园、东部工业园等新开发区域的教育配套短板。探索在基础教育领域实施"科创教育"，充分利用松山湖科学城的科创资源，提升青少年的科创素养和创新能力。完善高端医疗服务体系，大力提升与松山湖科学城发展相匹配的医疗服务水平，谋划新建高水平三级甲等综合医院或专科医院，构建"高品质公立医院＋社区卫生服务中心"的医疗服务体系，满足创新人才多层次医疗需求。积极发展养老事业，鼓励家庭、养老院、医院等多方共同参与，推进养老机构建设，大力发展养老家政服务和社区服务。

3. 构建高效便捷的城市交通网络

着力完善松山湖科学城路网体系，按照"两横三纵"构建高速公路，"二横三纵三联"建设快速路，"八横六纵"构建结构性干路，构建内外通达的城市交通网络。积极融入粤港澳大湾区轨道交通计划，加快推进连接松山湖科学城与深圳光明科学城的科学大道建设，构建粤港澳大湾区国际科技创新中心半小时出行圈。提升公共交通便利度，探索"智慧公交"示范应用，试点无人驾驶公共交通，使各种交通出行方式无缝衔接，构建"地铁＋慢行＋公交＋自驾"组合出行模式。结合滨水道及绿道，加快打造骑行与人行相结合的城市慢行系统。搭建智能交通网络，构建综合交通信息中心，完善内外智慧交通服务，打造松山湖统筹片区智慧交通运输网。

4. 完善城市管理和服务

按照以产兴城、以城带产、产城融合、城镇一体思路，优化松山湖资源布局，推动由单一生产功能向城市综合功能转型。加强生产性基础设施配套与产业项目落地整体协同，推进相关重点产业片区的生产性基础设施规划建设。推进功能区多部门"多网合一"的协同联动网格化管理，打造安全舒心的城市管理服务。开展松山湖智能化升级，按照现代化科技城市标准，综合运用 5G、物联网、大数据、人工智能等新一代信息技术，加快全域感知、万物互联的智能化基础设施体系建设，建设基础设施智能化、政府治理协同化、公共服务便捷化、产业体系智能化、区域发展智能化的智慧松山湖，在"衣食住行游购娱"等方面开展特色智能场景应用。建设城市管理信息化工程，围绕交通、城管、应急、公安、智网办等部门业务系统，进行数据汇聚、数据治理，以人工智能、物联网等技术为基础，构建研判、决策、治理一体化的"城市大脑"。

二、打造"松"意盎然的活力之城

1. 构建水绿交融的生态格局

营造丰富的绿色开放空间，打造巍峨山森林公园、环湖岸线、廊道公园、综合公园、社区公园和街头游园等多级公园体系，形成山水、城市与风景相互融合的优美格局。建设独具特色的松山湖水系生态空间，灵活运用科学、人文、艺术等多种元素提升水系生态空间的景观性，重点打造湖心岛、松山湖科学公园等，使其成为标志性的公共生态休闲空间。高质量推进碧道建设，打造水清岸绿、鱼游浅底的自然生态廊道。

2. 构建科技人文交融的开放空间

持续完善公共文化服务基础设施建设，瞄准国际化高端人才精神文化需求，为创新人才营造思想碰撞、观点交锋、释放活力的灵感空间。推进科技科普设施建设，探索建设符合国际科技人才生活理念和习惯的"科学家小城"，发挥松山湖科学城大科学装置集聚的品牌效应，建设展示科技创新的科普馆、科技图书馆、科普公园、科学会堂、博览中心等综合科技科普设施。推进高端化公共服务设施布局，瞄准国际化高端人才交流需求，建设国际一流的展演中心、音乐厅、美术馆、博物馆（历史文化类或自然类）、体育公园、综合文体中心、青少年活动中心等公共服务设施。推进基层文化设施布局，建设固定综合文化站，提升文化站的服务能力。推进休闲文体载体建设，利用零星空地和环湖绿带建设科学文化广场，合理布局文体器材，满足人才健身、文娱、生活需求。持续举办科技艺术节、湖畔音乐节、公园音乐会、艺术展等高品质文化艺术展览和高雅艺术表演，组织松山湖科技精英网球赛、国际马拉松等体育赛事，加快打造松山湖文化体育品牌系列活动。

第五节 完善支撑创新的高效运行机制

构建衔接创新链条、激发创新活力、集聚创新资源的高效运行机制。完善协同机制，打通"源头创新—技术创新—产业化"创新链条。完善动力机制，创新管理体制机制和激励政策，激发创新主体的活力和动力，提高创新效率。完善保障机制，构建创新创业支撑服务体系，形成共建共治共享理念，为松山湖科学城的创新发展提供有力保障。

一、构建融通创新全链条的协同机制

1. 完善"基础研究—应用基础研究"的贯通机制

强化应用导向与产学研协同创新，建立企业参与基础研究引导机制，推动企业与广东省自然科学基金设立联合基金，或者独立建立基础研究基金，引导鼓励社会力量加大基础研究和应用基础研究投入，形成促进基础研究—应用基础研究双循环的多主体、跨学科、跨领域协作。完善基础研究任务征集机制，凝练经济社会发展和产业创新的重大科学问题，完善自由探索和需求牵引相结合的立项机

制，建议以应用基础研究倒逼基础研究任务清单、以基础研究引领应用基础研究任务清单。建立重大科技基础设施成果转化对接机制，组建重大科技基础设施先导技术概念验证中心、管理服务中心，探索以市场化方式发现、挖掘、验证形成的前沿科技成果或衍生成果，实现科技成果落地转化。

2. 完善关键核心技术攻关的新型举国体制

突出企业在技术创新中的主体地位，建立"产业界出题、科技界答题"机制，围绕松山湖重点产业关键环节、薄弱环节，探索建立面向全国的关键核心技术攻关"揭榜挂帅""赛马""业主制"等制度，从全产业链视角组织开展关键核心技术攻关。构建稳定、长期的关键核心技术攻关投入机制，加大地方财政投入力度，优先保障重大任务攻关资金需求，加快完善企业、金融机构等多元化投入机制，引导社会力量加大技术创新投入。

3. 建立高效的孵化育成机制

引导孵化器建立早期硬科技项目发现、验证、熟化及孵化机制，畅通"转化—孵化—产业化"链条，培育硬科技企业。支持高校、科研院所、新型研发机构、龙头企业等建设一批中试验证平台，推动科技成果转化孵化。支持行业科技领军企业打造开放式创新创业孵化平台，利用松山湖空间资源建设社区微创空间，围绕新兴领域建设产业链孵化器。支持国有企业释放闲置楼宇，提供创新创业低成本空间，降低创新创业孵化成本。鼓励孵化器联合国有资本，探索概念验证和股权投资联动机制，带动社会资本投资前移，助推孵化项目加快转化应用。激发国有资本投资孵化活力，允许国有孵化团队持股孵化，畅通利益共享机制，试点退出与容错机制。探索建立以引进投资（孵化）机构为抓手的招商引资模式，依托投资（孵化）机构推动初创期科技型小微企业落地孵化。

4. 构建创新链与服务链协同机制

完善高水平公共研发服务体系，围绕新一代信息技术、智能制造、生物技术与健康、新材料等重点发展产业，聚焦前沿技术成果转化和产业化关键环节，支持引进一批高水平的公共研发服务机构。鼓励企业、高校和科研院所打造一批服务产业创新发展的公共研发服务平台，形成覆盖仪器设备共用、科技文献检索、科技数据共享、专业测试检测、研发设计、工艺开发等方面的公共服务体系。优化创新创业服务，依托松山湖国际创新创业社区建设，充分利用"成本洼地、服务高地、政策特区"等优势，整合高校、科研院所、行业组织和专业机构资源，引进和培育科技服务机构，为企业提供覆盖科技创新全链条的综合服务。

专栏 9

松山湖国际创新创业社区

松山湖国际创新创业社区（以下简称"社区"）于 2020 年 7 月 24 日揭牌，位于松山湖科学城核心区域。社区功能定位为松山湖科学城创新创业示范窗口、园区—校区—社区三区融合示范点、创新创业不夜城。截至 2021 年，社区已成功引进新型研发机构 12 家，设有研发平台 200 余个，拥有科研仪器设备 5000 多台，拥有国家级孵化器 2 家、省级孵化器 7 家，累计集聚了 500 多家科技企业、3000 余名科研人才在社区内创新创业。社区重点聚焦数字经济、新一代信息技术、医疗器械、新材料、高端装备、智能制造等领域，为实现高水平创新创业、推动产业高质量发展提供高质量发展空间和优质配套服务环境。社区主要划分为科技研发、产业孵化、商业配套、人才安居四大功能分区，围绕成果转化、科技金融、人才支撑、创新创业、配套服务 5 个方面打造"一条龙"服务体系，形成了"知识产权交易平台、科研成果转化平台、信息化服务平台、投融资服务平台、政策法律咨询平台、管理咨询服务平台、产业孵化平台"七大服务平台。社区将充分发挥重大创新平台、龙头企业等优势，完善创新创业环境，集聚优质项目、青年创新创业团队，孵化高成长科技企业；同时，活跃社区创新创业氛围，在场地补贴、科技金融、项目配套等方面研究出台专项扶持政策，积极组织高水平学术、创新创业等活动，持续推进基础设施建设，完善科研设施配套。

二、完善激发创新活跃度的动力机制

1. 完善创新投入机制

积极引导金融资源向科技领域配置,构建覆盖科技创新和企业发展全生命周期的科技金融服务体系。鼓励境内外投资机构在松山湖科学城集聚,扩大科技创业天使风险投资基金规模,加大早期投资、价值投资和长期投资比重,对投资松山湖科学城种子期、初创期科技企业的股权投资机构给予奖励。探索开展创投企业所得税优惠政策试点,鼓励创投企业长期投资。加大科技金融产品供给力度,支持银行、保险、担保等金融机构,围绕"硬核"技术、初创企业等开发创新金融产品和服务,降低硬科技企业融资成本。完善多元化科技投入机制,发挥风险投资、战略投资、科技保险、科技信贷的作用,对处于中试验证、中试熟化、规模化生产等不同阶段的科技创新分段施策,完善资金服务链条。充分发挥金融服务类国有企业综合金融服务能力和各类国资基金的资本带动能力,鼓励国有企业参与新兴产业培育。

专栏 10

打造专业化科技金融服务平台

依托松山湖科技金融服务中心,搭建"一站式"科技金融服务平台,整合松山湖科学城重点金融服务机构,开展科技融资、投资服务、增值服务等金融服务,引导金融资源向科技创新一线集聚,构建良好的科技金融生态圈。积极争取企业创新积分制试点,通过建立科技型中小企业创新积分评价指标体系,统筹银行信贷、风险补偿、融资担保、金融债等,完善企业创新积分与涉企金融政策支持联动机制,引导金融机构支持科技型中小企业研发。加强与深圳等地区金融资本溢出的衔接,鼓励粤港澳大湾区内国有金控平台、风投机构、天使基金等在松山湖科学城设立产业引导和并购基金与开展金融服务。

2. 创新引才育才用才管理机制

优化高端人才发现和引进机制，发挥省市海外高层次人才计划和国内外人才引进落户政策的引才聚才作用。创新人才培养模式，鼓励松山湖高校围绕重点产业紧缺专业人才目录，增设前沿和紧缺学科专业，建立"订单式"培养模式，推动人才培养更好地服务科技创新和产业发展。强化引才用才单位主体作用，鼓励高校、科研机构、重大创新载体和骨干企业等搭建创新创业发展平台，探索实行具有竞争力的人才薪酬制度。优化企业创新人才的遴选、评价和激励，突出市场发现、市场认可、市场评价，在各类人才计划中加强对企业创新人才的支持。

专栏 11

创新引才育才用才管理机制

1. 创新人才引进机制

探索科技领军人才成建制引进模式，支持人才、团队、平台、项目一体化引进，给予启动经费支持。探索建立松山湖国际人才驿站，通过短期服务、项目合作、科技咨询、技术入股等多种方式柔性使用国内外人才智力资源。鼓励海内外团队和科技领军人才来松山湖创新创业，积极争取广东省重大人才团队引进自主权。创建高层次人才礼聘制度，通过"一人一策""一企一策"的方式，为急需人才和团队"量身定制"支持政策。建立重点人才（团队）接力扶持机制，提升各类政策归集度，给予综合扶持。

2. 完善人才培养模式

优化研究生联合培养（实践）模式，引进国内知名高校的研究生到松山湖企业、研究院所开展联合培养（实践）。争取国家支持，建立粤港澳大湾区研究生联合培养开放基地，推动更多的高水平大学参与产教融合研究生培养。依托东莞市名校研究生培育发展中心争取更多的研究生招生指标，进一步扩大科学城研究生联合培养规模。积极开展"订单式"培养，推动高校人才培养更好地服务科技创新和产业发展。深化产教深度融合，联合高校、科研机构、企业共同设立产业学院，实施卓越工程师培养计划，探索产学研合作培养人才制度，实行学术和产业双导师制。

3. 建立科学合理的人才评价激励机制

积极为人才松绑，在项目申报、表彰奖励、人才引进中，降低或消除在院校、资历、头衔、学术成果等方面设置的不合理门槛。实施人才分类评价体制，探索建立学术评价和同行评价相结合的人才评价机制，建立以能力、质量、实效、贡献为导向的人才评价体系，充分体现知识、技术等创新要素价值。赋予用人单位更多"话语权"，发挥用人单位在人才评价、引进、培养、使用中的积极作用。增强用人单位人事薪酬制度的激励导向性，建立充分体现科研人员能力、业绩、贡献的薪酬制度。充分尊重科研人员，在科研项目中探索试行基于信任的首席科学家负责制，赋予科研人员更大技术路线决定权、更大经费支配权和更大资源调度权。

4. 提供优质便捷的国际化人才服务

完善松山湖科学城国际化人才政策，增强政策的协调性和吸引力。推动在松山湖科学城建设国际人才港，将其打造成集招才引智、创业孵化、专业服务、政策保障等多功能于一体、在岸与离岸相结合的物理地标，在广东省范围内率先实施并享受更加便利优惠的人才引进和服务保障政策。积极争取国家和广东省试点，为符合相关人才标准或经由广东省认定的内地人才签发多次有效赴港澳人才签证。建立境外职业资格便利执业认可清单，推动港澳专业人才在松山湖科学城便利执业。落实粤港澳大湾区境外高端、紧缺人才个税差额补贴政策。争取国家支持实施外国人工作许可和居留许可"一窗通办、并联办理"。加快推进国际学校建设，为人才子女提供高水平的国际教育服务。探索建立国际医疗服务体制，提供国际医疗保险结算服务。

3. 完善促进科技成果转化的动力机制

争取纳入科技成果赋权改革试点，赋予科研人员职务科技成果所有权或长期使用权。探索深化职务科技成果单列管理，建立有别于一般国有资产的管理模式。探索明确尽职免责界定及免责情形，解决科研人员和管理人员"不敢转"的问题。鼓励高校院所建立科技成果转化绩效评价与激励机制，激发科技成果转化人员积极性。积极落实技术服务增值税减免政策，对提供技术转让、技术开发及与之相关的技术咨询、技术服务免征增值税。探索建立健全协议定价、挂牌交易、拍卖、资产评估等多元化科技成果市场交易定价机制。

4. 健全新技术新产品应用推广机制

加快建设一批具有引领性、示范性的高精尖应用场景，促进新技术迭代更新和规模化应用。着力推动无人自主技术与 5G 技术融合，争取授权在松山湖科学城内开展相关领域新技术应用试点，建立无人自主技术测试试验场景，加速新技术产业化。推进在制造、物流、医疗、教育、城市治理等领域打造人工智能应用场景，推进人工智能应用示范。探索建立科技型中小企业创新产品政府采购制度，加大装备首台（套）、材料首批次、软件首版次等创新产品政府非招标采购力度，支持医疗创新产品优先进入三级医疗机构使用，带动企业新技术研发及产品迭代升级。

三、健全创新体系生态化的保障机制

1. 建立创新资源共享机制

积极协调粤港澳大湾区内重大科技基础设施、大型科研仪器等开放共享，加强中国散裂中子源、先进阿秒激光装置与惠州强流重离子加速器、加速器驱动嬗变装置、江门中微子实验站等重大科技基础设施的协同与共享，推动与粤港澳大湾区内的广东省实验室、国家重点实验室、广东省重点实验室间的紧密合作。支持莞港澳三地高校、科研机构、企业合作开展创新和研发活动，联合发起或参与国际大科学计划和大科学工程；鼓励港澳有条件的高校、科研机构或企业共同参与建设重大科技基础设施，建立共建共享机制；建设面向全国开放的散裂中子源谱仪，为港澳高校和科研机构提供专用机时和服务。

2. 完善知识产权保护机制

围绕知识产权交易、评估、咨询、成果转化、质押融资、维权等领域，培育知识产权服务新业态，发展全链条、全方位的知识产权运营服务业。建设知识产权运营及创新平台，加快推进国际知识产权数据中心建设，搭建先进制造业知识产权国际合作平台，利用国际知识产权大数据检索、知识产权交易、知识产权产业联盟、国际知识产权人才培育、知识产权许可共享等服务功能，为产业创新发展提供知识产权和公共技术支撑。积极引进国际知识产权运营咨询服务机构，开展线上线下的国际化知识产权服务；同时实施骨干知识产权运营机构培育工程，培育一批运营能力强、服务水平高的知识产权运营服务机构。加强重点产业专利导航，开展企业专利权、商标专用权质押融资和知识产权证券化工作。

3. 提升科学城治理能力

加快松山湖科学城治理体系和治理能力现代化建设，强化多元化力量参与，构建企业、科研院所、社会组织、居民等广泛参与的科学城创新和发展新体制，支持社会科技力量蓬勃发展。优化科学城内部管理架构，合理配置机构职能，加强管理队伍建设，完善分配激励和考核制度，提升科学城科技服务水平。持续推进改革创新，围绕行政审批制度改革、科技创新体制机制改革、鼓励支持源头创新体制机制改革、投融资机制改革、土地资源利用机制创新等领域，不断探索推动科学城创新发展的治理模式。探索建立对新经济、新业态审慎包容的监管机制，重点围绕人工智能、无人驾驶等新业态领域开展制度创新试点，为新经济企业提供试错容错环境。强化风险意识，提高科技企业防范、化解重大风险的能力。

参考文献

[1] 陈健，高太山，柳卸林，等. 创新生态系统：概念、理论基础与治理[J]. 科技进步与对策，2016，33（17）：153-160.

[2] 陈立书. 美国硅谷成功的经验借鉴——政府、大学与企业模式[J]. 法制博览，2015（30）：289+288.

[3] 陈萍. 城市创新生态系统演化动力及影响因素研究[D]. 深圳：深圳大学，2020.

[4] 陈向东，刘志春. 基于创新生态系统观点的我国科技园区发展观测[J]. 中国软科学，2014（11）：151-161.

[5] 陈套，冯锋. 大科学装置集群效应及管理启示[J]. 西北工业大学学报（社会科学版），2015，35（1）：61-66.

[6] 陈翁翔，林喜庆. 科技园区创新模式比较与启示——基于硅谷、新竹和筑波创新模式的分析[J]. 中国行政管理，2009（10）：113-115.

[7] 陈衍泰. 创新管理：从创新网络、创新系统到创新生态系统的演化[J]. 研究与发展管理，2018，30（4）：1.

[8] 陈益升，陆容安，欧阳资力. 国际科学城（园）综述[J]. 科学对社会的影响（中文版），1995（3）：1-13.

[9] 陈志，陈健. 从重大科技基础设施到科学城："三级跳"中的功能复合与难点[J]. 科技中国，2019（2）：24-26.

[10] 程浩. 国家级高新区创新生态系统共生度对创新绩效的影响研究[D]. 哈尔滨：哈尔滨理工大学，2022.

[11] 新华社. 大湾区综合性国家科学中心先行启动区（松山湖科学城）全面启动[J]. 企业观察家，2021（4）：12.

[12] 丁帅. 欧洲科学中心——法国格勒诺布尔研究与启示[J]. 中国市场，2020，13：8-9.

[13] 奋力赶超 勇担使命 光明谱写世界一流科学城和深圳北部中心建设新篇章[J]. 特区经济，2022（4）：2+161.

[14] 冯根尧. 区域创新体系的运行机制及构成要素分析[J]. 广西社会科学，2006（7）：40-43.

[15] 葛诺，白旭，陈政霖，徐爽，闫亭豫，吴金希. 创建科学城过程中如何防止"筑波病"？——日本筑波科学城发展的历史经验、教训及启示[J]. 中国软科学，2022，09：74-84.

[16] 郭丽娟，刘佳. 美国产业集群创新生态系统运行机制及其启示——以硅谷为例[J]. 科技管理研究，2020，40（19）：36-41.

[17] 顾建平，陈鹏，李建强. 韩国大德科技园区的发展及其推动技术转移的启示[J]. 中国高校科技，2014（6）：58-61.

[18] 韩昶昶，韩效锋. 合肥综合性国家科学中心"十四五"建设发展思考——基于四大综合性国家科学中心的比较研究[J]. 安徽科技，2021（12）：17-20.

[19] 韩婕. 打造宜研、宜业又宜居的科学之城[J]. 中国人才，2022（3）：35-37.

[20] 黄静. 产业联盟创新生态系统升级路径研究[D]. 哈尔滨：哈尔滨理工大学，2021.

[21] 黄鲁成. 区域技术创新生态系统的特征[J]. 中国科技论坛，2003（1）：23-26.

[22] 李海超，齐中英. 美国硅谷发展现状分析及启示[J]. 特区经济，2009（6）：82-83.

[23] 黄馨莹，解佳龙. 韩国大德谷科技人才政策演进及其特征[J]. 世界科技研究与发展，2020，42（5）：549-557.

[24] 李浩. 关于合肥滨湖科学城建设的几点思考[J]. 中国工程咨询，2018（10）：79-83.

[25] 李红兵. 合肥综合性国家科学中心建设现状与对策建议[J]. 科技中国，2020（4）：74-77.

[26] 李华君. 韩国科技发展引擎——大德科技园的成功之道及启示[J]. 中国高新区，2006（5）：81-83.

[27] 李晓丽. 政府在大德科技园建设及发展中的推动作用[J]. 今日科苑，2007（23）：107.

[28] 梁佳慧，陈强. 日本筑波科学城科技创新的巴斯德模式分析[J]. 上海质量，2022，3：24-26.

[29] 刘欢，王陈平，刘思辰. 存量主导地区的科学城规划编制方法探索与实践——以广东省东莞中子科学城为例[J]. 上海城市规划，2022（1）：68-74.

[30] 柳卸林. 区域创新体系成立的条件和建设的关键因素[J]. 中国科技论坛，2003，1：18-22.

[31] 柳卸林，高雨辰，丁雪辰. 寻找创新驱动发展的新理论思维：基于新熊彼特增长理论的思考[J]. 管理世界，2017（12）：8-19.

[32] 柳卸林，孙海鹰，马雪梅. 基于创新生态观的科技管理模式[J]. 科学学与科学技术管理，2015，36（1）：18-27.

[33] 柳卸林，王倩. 创新管理研究的新范式：创新生态系统管理[J]. 科学学与科学技术管理，2021，42（10）：20-33.

[34] 刘欣英. 产城融合的机制与效应研究——以陕西省为例[D]. 西安：西北大学，2017.

[35] 柳艳. 深圳光明 创新要素加速聚集科学城[N]. 南方日报，2022-10-09（T33）.

[36] 龙跃梅. 松山湖科学城助青年科技才俊圆梦[N]. 科技日报, 2023-03-17 (007).

[37] 钱飞鸣. 一流人才政策服务一流科学城[N]. 深圳商报, 2022-06-10 (A02).

[38] 任胜钢, 关涛. 区域创新系统内涵、研究框架探讨[J]. 软科学, 2006 (4): 90-94.

[39] 孙艳艳, 张红, 张敏. 日本筑波科学城创新生态系统构建模式研究[J]. 现代日本经济, 2020, 39 (3): 65-80.

[40] 孙占芳. 韩国大德研究开发特区发展模式探讨[J]. 科技信息, 2011 (31): 87-88.

[41] 谭慧芳, 谢来风. 综合性国家科学中心高质量建设思路——以粤港澳大湾区为例[J]. 开放导报, 2022 (4): 77-85.

[42] 唐坚. 张江科学城打造创新策源地助力上海国际科创中心建设[J]. 现代经济信息, 2020 (3): 189-191.

[43] 唐璇. 东莞市创新转型与空间模式研究——基于松山湖高新区的案例分析[D]. 广州: 华南理工大学, 2021.

[44] 郄海拓, 张志娟, 陈雪迎. 国内外创新型城市分类研究——基于科技创新政策决策角度[J]. 全球科技经济瞭望, 2020, 35 (9): 60-67.

[45] 邢玖阳, 卢明华, 段海宽, 王金峰. 北京怀柔综合性国家科学中心创新生态系统研究[J]. 北京规划建设, 2022 (6): 136-140.

[46] 薛永刚. 基于 S-SEM 的区域创新系统影响因素和路径研究[J]. 科研管理, 2021, 42 (8): 150-159.

[47] 王成成. 北京、上海建设综合性国家科学中心的政策分析及对合肥的经验启示[J]. 安徽科技, 2020 (8): 26-29.

[48] 王刚, 孟凡超, 钟祖昌, 刘慧珊, 王欢, 李演琪. 国外科学城发展对光明科学城科技治理的启示[J]. 城市观察, 2021 (3): 38-48.

[49] 王海卉，王兴平，李相斌. 韩国大德研究开发特区探析[J]. 国际城市规划，2009，23（1）：117-120.

[50] 王海芸. 日本筑波科学城发展的启示研究[J]. 科技中国，2019（3）：20-27.

[51] 王凯，邹晓东. 由国家创新系统到区域创新生态系统——产学协同创新研究的新视域[J]. 自然辩证法研究，2016，32（9）：97-101.

[52] 王立军，王书宇. 四大综合性国家科学中心建设做法及启示[J]. 杭州科技，2020（6）：22-28.

[53] 王晓君. 美国硅谷高新技术产业发展的经验借鉴[J]. 商业经济，2018（3）：62-63.

[54] 王泽强. 合肥综合性国家科学中心科技成果本地转化研究[J]. 中共合肥市委党校学报，2018（1）：20-26.

[55] 王振旭，朱巍，张柳，刘青. 科技创新中心、综合性国家科学中心、科学城概念辨析及典型案例[J]. 科技中国，2019（1）：48-52.

[56] 魏素敏，顾玲琍. 上海张江示范区创新发展的借鉴与思考[J]. 科技中国，2019（6）：85-90.

[57] 翁阳，高祥. 北京怀柔科学城规划建设刍议[J]. 北京规划建设，2019（4）：122-127.

[58] 伍建民. 综合性国家科学中心建设路径探究——基于对上海张江、安徽合肥的实地调研[J]. 科技智囊，2022（3）：10-14.

[59] 闫泓多. "科学城 2.0"计划——新西伯利亚科学城的重生[J]. 西伯利亚研究，2020，47（5）：56-63.

[60] 杨冬梅，赵黎明，闫凌州. 创新型城市：概念模型与发展模式[J]. 科学学与科学技术管理，2006（8）：97-101.

[61] 杨博旭，柳卸林，吉晓慧. 区域创新生态系统：知识基础与理论框架[J]. 科技进步与对策，2023，40（13）：152-160.

[62] 袁晓辉. 全球创新体系下如何发展科学城？北京三大科学城发展策略建议[EB/OL]. [2023-3-21].

[63] 袁宇. 高新区生态系统向科技新城生态系统演化研究[J]. 科技进步与对策, 2012（17）：15-19.

[64] 张贵, 温科, 宋新平. 创新生态系统：理论与实践[M]. 北京：经济管理出版社, 2018.

[65] 张华桥. 东莞科创蝶变：从"世界工厂"迈向湾区创新高地[N]. 东莞日报, 2021-11-25（A07）.

[66] 张璞, 于玲. 科技金融对区域创新发展的影响研究[J]. 经济研究导刊, 2018（23）：54-56.

[67] 张珊珊, 陈启亮. 东莞松山湖科学城 国际一流科学城加速崛起[N]. 南方日报, 2022-05-22（133）.

[68] 张伟峰. 拷贝硅谷：韩国大德科学城的成功实践[J]. 科技管理研究, 2008（10）：29-31.

[69] 张颖莉. 光明科学城未来发展的对策和建议[J]. 内蒙古科技与经济, 2020（16）：20-22.

[70] 张颖莉, 杨海波. 世界科学城的演变历程及对粤港澳大湾区的启示[J]. 中国科技论坛, 2023, 1：161-169.

[71] 张岩. 筑波科学城：日本的"头脑城"[J]. 宁波经济（财经视点）, 2020, 8：48-49.

[72] 张耀方. 综合性国家科学中心的内涵、功能与管理机制[J]. 中国科技论坛, 2017, 6：5-12.

[73] 赵放, 曾国屏. 多重视角下的创新生态系统[J]. 科学学研究, 2014, 32（12）：1781-1788＋1796.

[74] 曾国屏, 苟尤钊, 刘磊. 从"创新系统"到"创新生态系统"[J]. 科学学研

究，2013，31（1）：4-12.

[75] 郑国豪，陈启亮，张珊珊，冉雪梅. 东莞松山湖科学城：从创新高地迈向科学地标[N]. 中国高新技术产业导报，2022-10-24（013）.

[76] 赵勇健，吕斌，张衔春，胡国华，李金钢. 高技术园区生活性公共设施内容、空间布局特征及借鉴——以日本筑波科学城为例[J]. 现代城市研究，2015（7）：39-44.

[77] 钟坚. 日本筑波科学城发展模式分析[J]. 经济前沿，2001（9）：31-34.

[78] 朱东，杨春，张朝晖. 科学与城的有机融合——怀柔科学城的规划探索与思考[J]. 城市发展研究，2020，27（1）：4-11.

[79] 朱洪艳，朱隆斌. 筑波科学城对开发区发展转型的启示[J]. 智能建筑与智慧城市，2022（1）：55-57.

[80] Adner R. Match your innovation strategy to your innovation ecosystem[J]. Harvard Business Review, 2006(84): 98-107.

[81] Adner R. Ecosystem as structure: An actionable construct for strategy[J]. Journal of Management, 2017, 43(1): 39-58.

[82] Ander R, Kapoor R. Value creation in innovation ecosystems: How the structure of technological interdependence affects firm performance in new technology generations[J]. Strategic Management Journal, 2010, 31(3): 306-333.

[83] Cooke P, Uranga M G, Etxebarria G. Regional innovation systems: Institutional and organisational dimensions[J]. Research Policy, 1997, 26(4-5): 475-491.

[84] Cooke P. Regional innovation systems: Competitive regulation in the new Europe[J]. Geoforum, 1992, 23(3): 365-382.

[85] Davis J, Muzyrya Y, Yin P. Experimentation strategies and entrepreneurial innovation: Killer Apps in the iPhone ecosystem[J]. Academy of Management Annual Meeting Proceedings, 2014(1): 15348.

[86] Doloreux D. What we should know about regional systems of innovation[J]. Technology in Society, 2002, 24(3): 243-263.

[87] Estrin J. Closing the innovation gap: Reigniting the spark of creativity in a global economy[M]. New York: McGrow-Hill, 2009.

[88] Granstrand O, Holgersson M. Innovation ecosystems: A conceptual review and a new definition[J]. Technovation, 2020, 90: 102098.

[89] Jackson D J. What is an Innovation Ecosystem[J]. National Science Foundation, 2012.

[90] Jacobides M G, Cennamo C, Gawer A. Towards a theory of ecosystems[J]. Strategic Management Journal, 2018, 39(8): 2255-2276.

[91] Jeckson D. What is an innovation ecosystem[EB/OL]. (2012-11-28) [2022-04-20].

[92] Kolloch M, Dellermann D. Digital innovation in the energy industry: The impact of controversies on the evolution of innovation ecosystems[J]. Technological Forecasting and Social Change, 2018, 136(11): 254-264.

[93] Luoma-Aho V, Halonen S. Intangibles and Innovation: The Role of Communication in the Innovation Ecosystem[J]. Innovation Journalism, 2010, 7(2).

[94] Lamperti F, Mavilia R, Castellini S. The role of science parks: A puzzle of growth, innovation and R&D investments[J]. The Journal of Technology Transfer, 2015, 42(1): 158-183.

[95] Liu Z Y, Chen X F, Chu J F, et al. Industrial development environment and innovation efficiency of high-tech industry: Analysis based on the framework of innovation systems[J]. Technology Analysis & Strategic Management, 2018, 30(4): 434-446.

[96] Rong K, Lin Y, Yu J, et al. Exploring regional innovation ecosystems: An

empirical study in China[J]. Industry and Innovation, 2021, 28(5): 545-569.

[97] Ruseeell M G, Still K, Huhtamaki J, et al. Transforming innovation ecosystems through shared vision and network orchestration[C]//Triple Helix IX International Conference, 2011.

[98] Samara E, Georgiadis P, Bakouros I. The impact of innovation policies on the performance of national innovation systems: A system dynamics analysis[J]. Technovation, 2012, 32(11): 624-638.

[99] Shaker A, Zahra S N. Entrepreneurship in global innovation ecosystems[J]. Academy of markcting science review, 2011(1): 4-17.